U0548839

"十三五"国家重点出版物出版规划项目

中国经济治略丛书

北京地区新生代农民工 人力资本投资与政策激励

Human Capital Investment and Policy Incentives for the New Generation of Rural Migrant Workers in Beijing

陈雄鹰　等著

中国财经出版传媒集团

经济科学出版社
Economic Science Press

图书在版编目（CIP）数据

北京地区新生代农民工人力资本投资与政策激励/陈雄鹰等著.
—北京：经济科学出版社，2019.9
（中国经济治略丛书）
ISBN 978 - 7 - 5218 - 0871 - 1

Ⅰ.①北…　Ⅱ.①陈…　Ⅲ.①民工 - 人力资本 - 人力投资 -
经济政策 - 研究 - 北京　Ⅳ.①F323.6

中国版本图书馆 CIP 数据核字（2019）第 201574 号

责任编辑：申先菊　赵　悦
责任校对：王苗苗
责任印制：邱　天

北京地区新生代农民工人力资本投资与政策激励
陈雄鹰　等著
经济科学出版社出版、发行　新华书店经销
社址：北京市海淀区阜成路甲 28 号　邮编：100142
总编部电话：010 - 88191217　发行部电话：010 - 88191522
网址：www. esp. com. cn
电子邮件：esp@ esp. com. cn
天猫网店：经济科学出版社旗舰店
网址：http: // jjkxcbs. tmall. com
北京季蜂印刷有限公司印装
710×1000　16 开　12.75 印张　180000 字
2019 年 9 月第 1 版　2019 年 9 月第 1 次印刷
ISBN 978 - 7 - 5218 - 0871 - 1　定价：89.00 元
（图书出现印装问题，本社负责调换。电话：010 - 88191510）
（版权所有　侵权必究　打击盗版　举报热线：010 - 88191661
QQ：2242791300　营销中心电话：010 - 88191537
电子邮箱：dbts@ esp. com. cn）

本书是北京市社会科学基金项目"北京新生代农民工人力资本投资行为及政策激励研究（13JGB048）"成果

前　言

　　北京地区的新生代农民工是北京青年劳动力的重要补充，承担了大量城市建设中的艰苦工作，为北京社会经济建设做出了巨大贡献。同时，新生代农民工也是北京市城镇化进程中市民化的主要对象，将继续为推动城镇化建设、城乡二元结构的改变发挥重要作用。人力资本投资的目的是提升劳动者的素质。加大北京地区新生代农民工人力资本投资既是提升新生代农民工综合技能、扭转技能缺失局面、消除职业流动障碍、实现农民工在城市发展和实质性城市融入的必然选择，又是促进北京地区科技进步和产业结构升级的重要举措。然而，新生代农民工人力资本投资不足已成为制约上述目标实现的主要障碍和巨大隐忧。

　　由北京联合大学陈雄鹰教授主持的北京市社科基金项目"北京新生代农民工人力资本投资行为及政策激励研究（13JGB048）"针对北京地区新生代农民工的人力资本投资问题开展了系统研究，并形成这本结论鲜明客观、论证严谨的学术著作。

　　本书针对北京地区的新生代农民工，分析新生代农民工的人力资本投资现状与需求，刻画新生代农民工不同人力资本投资维度的影响路径，在充分评估北京地区现有相关政策的基础上，提出人力资本投资不同维度的投资实施路径和政策支持建议。

　　本书共包含六章内容。

　　第一章，绪论。从四个方面阐明了开展北京地区新生代农民工人力资本投资研究的背景和必要性；对关键概念进行了解释和界定；系统梳理了国内外相关研究成果，指出需要重点研究的三个方面的问题，提出本书的研究目标；阐述了本书的研究思路与研究方法以及创新之处和未来的研究方向。

第二章，北京地区新生代农民工人力资本投资现状。根据新生代农民工人力资本的特点，解析了新生代农民工人力资本投资构成，提出教育投资、培训投资、健康投资和迁移投资四个新生代农民工人力资本投资维度；利用调研数据分析论证了北京地区新生代农民工的人力资本投资现状，并针对不同维度人力资本投资现状进行了基于人口学特征的比较研究。

第三章，北京地区新生代农民工人力资本投资需求。分析了教育投资、培训投资、健康投资和迁移投资四个维度下，北京地区新生代农民工的人力资本投资需求。鉴于培训投资是新生代农民工人力资本投资最主要的形式，本书从培训内容、培训形式、培训时间、培训地点、培训费用等多个方面细致探讨了北京地区新生代农民工培训的投资需求，为优化新生代农民工培训工作提供了现实依据。

第四章，北京地区新生代农民工人力资本投资意愿的影响因素分析。针对新生代农民工的人力资本投资意愿，运用决策树分析法，建立北京地区新生代农民工四个维度人力资本投资的影响因素模型，揭示了影响新生代农民工四个维度人力资本投资意愿的关键影响因素。

第五章，北京地区新生代农民工人力资本投资政策评估。系统梳理了新生代农民工人力资本投资相关支持政策的产生与发展，对北京地区新生代农民工相关政策的落实情况进行归纳总结，从政策实施过程与政策产出效果两个方面对政策实施效果进行评估，并指出相关政策中存在的主要问题。

第六章，北京地区新生代农民工人力资本投资路径与政策激励建议。根据北京地区新生代农民工人力资本投资的现状、需求、影响因素以及现行政策中存在的主要问题，提出针对四个维度的新生代农民工人力资本投资路径和相应政策支持建议。

　　本书的创新之处体现在三个方面：第一，从教育投资、培训投资、健康投资和迁移投资四个维度，系统全面地展现了北京地区新生代农民工人力资本投资现状与投资需求，为相关部门把握北京地区新生代农民工人力资本投资状况提供了基础数据。第二，综合新生代农民工的人口特征因素和经济特征因素，刻画了新生代农民工各维度人力资本投资的影响路径，形象地呈现了基于投资者特征的新生代农民工人力资本投资行为形成过程，为制定具体的新生代农民工人力资本投资路径提供了现实依据。第三，从政策实施过程和政策产出效果两个方面对现有政策实施效果进行评估，针对现行政策及其落实中存在的问题提出了促进北京地区新生代农民工人力资本投资的具体路径和政策支持建议，为进一步完善新生代农民工人力资本投资相关政策、提高人力资本投资效率提供政策参考。

　　本书是由陈雄鹰教授带领的研究团队共同撰写完成的。其中，北京联合大学的汪昕宇教授参与撰写了第三章、第四章的内容，彭莹莹副教授参与撰写了第二章、第三章的内容，陈海燕副教授参与撰写了第四章内容，房宏君副教授参与撰写了第五章内容。团队成员不辞辛苦地进行调研，反复研讨和论证，力求研究结果客观、准确，充分体现了该团队科学严谨的研究态度和扎实的研究功底。

　　研究过程中，研究团队得到了来自领域内多位专家的悉心指导和相关政府部门的支持。在此，感谢人力资源和社会保障部农民工司沈水生副司长、中国劳动和社会保障科学研究院袁良栋副研究员、中国人民大学仇焕广教授、北京工业大学艾小青副教授的悉心指导，他们的真知灼见为本研究提供了诸多有益的信息、观点以及研究思路和方法；感谢北京市人社局、顺义区人社局、顺义区人社局高级技工学校等单位相关部门在本研究实地调研方面给予的大力支持，使本研究获得了真实有效的调研数据。本书在写作过程中，参阅和吸取了国内外同行的研究成果，在此，对书稿中所引用的文献资料的作者，表示深深的感谢。由于篇幅所限，有些研究成果的出处未能详尽列举，对有惠于拙著成书的所有学者深致谢意。

当然，新生代农民工人力资本投资问题是动态和持续发展变化的，且涵盖诸多具体问题。在有限的调查数据和研究方法的约束下，本书不可避免地存在不足和一些尚未研究到位的问题，需要关注这一研究领域的学者、政府相关部门人员等社会各界人士来共同研究和探索。今后，研究团队将继续致力于与此相关的前沿问题的研究，为学术界和实践领域贡献更多、更有价值的研究成果。

陈雄鹰

2019 年 8 月

CONTENTS **目录**

第一章

绪　　论

第一节　研究背景

一、北京地区新生代农民工的主体地位与作用

农民工是我国改革开放和工业化、城镇化进程中涌现的新型产业工人。改革开放 40 多年来，农民工队伍不断发展壮大，2018 年 28836 万人，比上年增加 184 万人，增长 0.6%[①]。农民工规模在持续扩大的同时，其年龄结构也在发生变化，其中 1980 年及以后出生的新生代农民工占全国农民工总量的 51.5%，比上年提高 1.0 个百分点；老一代农民工占全国农民工总量的 48.5%；在新生代农民工中，80 后占 50.4%；90 后占 43.2%；00 后占 6.4%[②]，新生代农民工已成为农民工的主体。相当部分新生代农民工已成为城市社会"常住化、家庭化"的"事实移民"，且已经发展为新兴产业工人的主力军和城市建设的生力军。

根据《北京市人口蓝皮书》，2017 年末北京市常住外来人口为 794.3 万人[③]，其中近 80% 为外来农民工，40 岁以下的农民工占比约为 60.3%。《北京 2017 农民工监测调查报告》显示，2017 年北京户籍的农民工总量为 72.4 万人，比上年减少 0.2 万人，下降 0.3%；1980 年及以后出生的

[①②]　2018 年全国农民工监测报告 [R]. 国家统计局.
[③]　北京人口与社会发展研究中心. 北京市人口蓝皮书 [M]. 北京：北京科学文献出版社，2018.

新生代农民工比例为 22.0%①，远低于全国的平均水平。综合上述两项数据，2017 年末北京地区约有农民工 700 万人，占北京市常住人口的 30% 以上，其中新生代农民工占 60% 以上。可见，北京地区的新生代农民工依然占据农民工群体的主体地位，且比例高于全国平均水平，是北京地区青年劳动力的重要补充，承担了大量城市建设中的艰苦工作，为北京市社会经济建设做出了巨大贡献。同时，新生代农民工也是北京市城镇化进程中市民化的主要对象，将继续为推动城镇化建设、改变城乡二元结构、推进社会主义新农村建设、推动社会结构转型发挥重要作用。

二、北京地区新生代农民工人力资本投资是城市发展的需要

虽然各级政府出台了许多解决农民工问题的政策，农民工就业权益保障有了很大改观甚至是突破性进展，但他们的半城市化和边缘化状况并未得到根本性改变。目前影响农民工在城市发展的因素除了原有的一些政策体制性障碍以外，农民工人力资本欠缺是关键因素。因此，加大对新生代农民工人力资本投资，提升新生代农民工综合技能，是扭转他们技能缺失状况，消除产业转型升级障碍的必然选择，是实现农民工在城市发展和实现实质性城市融入的重要举措②。

人力资本投资的目的是提升劳动者的素质，增加劳动的复杂程度，提高物质资本的使用效率，推动节约资本的技术密集型产业的发展。一方面，加大新生代农民工人力资本投资可优化其知识技能结构，提高其劳动生产率和资本生产率。另一方面，加大新生代农民工人力资本投资可助推北京地区科技进步和产业结构升级。北京地区科技发明离不开高素质的专业人力资本，离不开高素质的企业家人力资本，离不开高素质的一般人力资本。北京作为科技创新中心的最终实现要靠掌握一定技术和具有较高素质的普通工人来完成，新生代农民工作为这一结构层次的主要成分，对北京地区科技创新在提升企业的生产效率，以及促进产业结构升级上承担了重要责任。③

---

① 北京 2017 农民工监测报告 [R]. 国家统计局北京调查队.
② 银平均. 新生代农民工：人力资本投资的重要群体之一 [N]. 社会科学报, 2019 – 08 – 01.
③ 张昆玲, 史中朝. 从"民工荒"反观农民工人力资本投资的必要性 [J]. 前沿, 2010 (15)：121 – 123.

三、北京地区新生代农民工人力资本投资是个人成长的必然选择

随着北京地区产业结构的不断升级和岗位技术含量的提高，对从业人员的文化素质和职业技能要求越来越高。新生代农民工的文化程度虽然高于老一代农民工，但仍以初中文化程度为主，工作适应力差、缺乏创新、工作胜任感差，职业选择被限制在狭小的范围。加强新生代农民工教育培训力度，提升农民工人力资本水平，有利于扩大农民工职业选择范围。人力资本投资有利于新生代农民工获得稳定的经济来源，农民工的文化素质水平高低决定了其在城市能否获得稳定的经济来源，能否找到合适的工作。针对农民工的文化技能缺失进行培训，能够提升其文化素养，使其开阔眼界，增长见识，解放思想，正确认识自身的优缺点，有目的、有计划地参加培训，学习岗位技能，从而增加农民工自身人力资本价值，获得稳定工作的机会。① 从马斯洛需求层次理论来看，新生代农民工也有低层次和高层次的不同需要。而目前北京地区部分政府机构和企业只考虑北京地区农民工最低层次的生存需求，忽视其较高层次的精神需求，在工作报酬、身心健康、在职培训、职业发展、自我目标实现等方面尤为突出。这种情况既不利于北京地区新生代农民工劳动力资源的可持续发展，也不利于企业生产效率的提高。因此，只有不断加大对北京地区新生代农民工人力资本的投入，帮助其实现高层次的需求，才能增强新生代农民工对企业、对社会的归属感和认同度，进而提高其工作绩效②。

四、北京地区新生代农民工人力资本投资问题依然突出

人力资本投资不足，制约了新生代农民工在城市的生存与发展，也成为新型城镇化的巨大隐忧。③ 新生代农民工人力资本投资面临自身受教育程度低，受教育机会缺失，人力资本存量不足的现实情况。在教育与培训

---

① 杨玉霞. 新生代农民工人力资本投资与培训研究［J］. 太原城市职业技术学院学报，2017（2）：177 - 178.
② 张昆玲，史中朝. 从"民工荒"反观农民工人力资本投资的必要性［J］. 前沿，2010（15）：121 - 123.
③ 何亦名. 成长效用视角下新生代农民工的人力资本投资行为研究［J］. 中国人口科学，2014（4）：58 - 69.

方面，表现为以下几点：一是教育培训严重不足；二是教育培训目标定位偏差，局限于单一的就业技能培训，综合素质难以提高；三是政府作为责任主体的责任错位和缺位，难以保障农民工的相关权益；四是时间与费用问题导致新生代农民工的实际培训率低；五是培训市场不规范，难以满足新生代农民工的需要。由此引发了新生代农民工签订劳动合同的比例偏低，缺少法律保护，工作稳定性差，工作更换频繁，收入偏低，对收入状况普遍不满意；身心健康问题突出，农民工人力资本缺失状况进一步恶化等后果①。特别是农民工的劳动合同签订率大大低于同期城镇职工 88.2% 的签订率②。在已签订的合同中，也普遍存在内容不完备和执行不规范等问题。以农民工为主体的劳务派遣用工不规范，一些劳务派遣单位不与农民工签订劳动合同，不依法缴纳社会保险，被派遣农民工与用人单位直接用工之间同工不同酬问题比较突出。劳动安全卫生条件恶劣，农民工超时加班现象较为普遍，休息休假权得不到保障。农民工承担着城镇大多数"苦、脏、累、险"的工作，高温、高危、高寒和高污染作业的群体主要以农民工为主，职业病和工伤事故时有发生。这些状况无不损耗着农民工的人力资本。

新生代农民工群体在城市就业与生活中存在的就业不稳定、低报酬、缺乏安全的工作条件、社会保障缺失等就业权利受损的状态，影响新生代农民工人力资本的进一步积累③，从而影响他们在城市中的生活质量和可持续发展，使得他们长期处于城市的边缘，不能很好地融入城市社会，享受不到应有的权利。这种现象如不加以重视，定会积累很多社会矛盾，引发新生代农民工的心理对抗和社会冲突，特别是新生代农民工融入城市、扎根城市的愿望十分强烈，如不加以关注，必然会导致他们对城市社会有疏离感，引发他们的失范甚至犯罪行为，危及城市安全与稳定（陈雄鹰等，2015）④。

综上，在全面建设小康社会和实现现代化的进程中，解决好新生代农民工的人力资本投资问题，是北京工业化和现代化同步推进、城市健康可持续发展的重要体现，关系到新生代农民工的市民化进程与市民化质量，

① 银平均. 新生代农民工：人力资本投资的重要群体之一 ［N］. 社会科学报，2019 - 08 - 01.
② 2014 全国农民工监测报告 ［R］. 国家统计局.
③ 汪昕宇，陈雄鹰，邹建刚. 超大城市新生代农民工就业满意度评价及其比较分析——以北京市为例 ［J］. 人口与经济，2016（5）：84 - 95.
④ 陈雄鹰，汪昕宇，冯虹. 农民工的就业不平等感知对其冲突行为意愿的影响研究——基于全国 7 个城市的调研数据 ［J］. 人口与经济，2015（6）：22 - 31.

同时及时化解因新生代农民工人力资本投资问题带来的社会风险是城市和
谐社会建设的必然要求。本研究对北京地区新生代农民工的人力资本投资
问题进行了系统研究，具有重要的理论和现实意义，可以为新生代农民工
人力资本投资政策、制度与实施策略的形成和完善提供依据，为深入研究
北京地区经济社会健康背景下新生代农民工市民化转型过程中的人力资本
提升问题提供新思路和新路径。

第二节 相关概念界定

一、新生代农民工

"农民工"一词最早由张雨林教授于 1984 年在《社会学通讯》中提
出，随后逐渐为学界广泛使用。"农民"是这一群体身份的标志，表明他
们虽然在城市工作，但户籍仍在农村；"工"则是职业标志，表明其从事
非农业生产，是工人。

我国在由计划经济向市场经济转型过程中，所采取的渐进式改革和改
革的非均衡推进策略是出现"农民工"这一特殊社会群体的历史背景。长
期二元社会结构割裂了城乡联系，使得城市和农村居民有着截然不同的身
份和境遇。虽然自 1984 年起，国家开始允许农民进入城市务工、经商，
但户籍问题一直悬而未决。在这种城乡二元的户籍管理制度没有根本改革
的前提下，城市的劳动力市场率先向农村劳动力开放。相应地，农村劳动
力可以通过劳动力市场竞争相对自由择业，但不允许其自由地选择户口和
社会身份，城市对农民工在劳动力市场接纳与社会身份排斥二者并存。农
村劳动力转移、农民转变为非农民，虽然是社会经济发展的必然趋势，是
世界各国都必然会出现的普遍现象，但"农民工"则是我国制度变迁过程
中的特殊现象。

目前学术界对农民工的概念界定主要有以下几种：韩长赋认为农民工
是指户籍身份是农民，有承包土地，依靠工资收入生活的人员[1]。宗成峰、
朱启臻提出农民工是指具有农村户口身份却在城镇务工的劳动者，是中国

---

[1] 韩长赋. 关于农民工问题的几点认识和思考 [J]. 求是, 2006 (9)：29－30, 38.

传统户籍制度下的一种特殊身份标识，是中国工业化进程加快和传统户籍制度严重冲突所产生的客观结果①。陆学艺认为农民工是指在集体、国有单位工作的农村人口或者有农业户口的人②。从以上定义可以发现，农民工的内涵主要涉及以下几方面：一是职业，即农民工从事的非农职业，或者以从事非农劳动为主要职业，绝大部分劳动时间花在非农活动上，主要收入也来自非农活动；二是制度身份，即尽管是非农从业者，但户籍身份还是农民，与具有非农户籍身份的人有明显的身份差别；三是农民工群体中有被雇用者和自雇用者，所以也包括个体户；四是地域，即来自农村，是农村人口。

自 2001 年有学者初次提出"新生代农民工问题"后，新生代农民工作为一个独特的对象，逐渐地被学者们从对农民工群体的整体研究中抽离出来，并越来越受到关注。近几年来，"民工荒"的持续爆发，更使得农民工的代际研究备受青睐。特别是 2010 年，国务院发布的中央一号文件中首次使用了"新生代农民工"的提法，强调需"着力解决新生代农民工问题"，进一步推动了对这一群体的研究。刘传江从人口学角度对农民工进行了区分，他认为"第二代农民工是相对于改革开放后于 20 世纪 80 年代中期到 90 年代中期从农村和农业中流出并进入非农就业的第一代农民工而言的，具体指的是 1980 年以后出生、20 世纪 90 年代后期开始进入城市打工的农民工"③。俞玲从户籍方面指出"新生代农民工是出生于 1980 年之后的，户籍仍在农村、身份还是农民、有承包土地的，但主要从事非农产业、以工资为主要的收入来源"④。韩长赋从新、老农民工差异角度指出"第二代农民工大多是 20 世纪 80 年代成长起来的农民，在 90 年代步入城市打工，相比老一代农民工，他们对农业生产并不了解，更愿意留在城市"⑤。辜胜阻也是从新、老农民工对比方面进行研究的，他认为"新生代农民工是第一代农民工的后代，年龄一般在 18～30 岁之间，他们在外出就业时，不光追求生存，更加注重生活"⑥。目前，学术界对

---

① 宗成峰，朱启臻. 农民工生存状况实证分析——对南昌市 897 位样本农民工的调查与分析 [J]. 中国农村观察，2007 (1)：47-52, 81.
② 陆学艺. 当前农村形势和社会主义新农村建设 [J]. 江西社会科学，2006 (4)：7-21.
③ 刘传江. 第二代农民工市民化现状分析与进程测度 [J]. 人口研究，2008 (5)：48-57.
④ 俞玲. 新生代农民工人力资本和就业状况调查分析——以浙江省为例 [J]. 调研世界，2010 (8)：39-40.
⑤ 韩长赋. 谈"90 后农民工" [J]. 农村农业农民，2010 (2)：22-23.
⑥ 辜胜阻. 新时期城镇化进程中的农民工问题与对策 [J]. 中国人口资源与环境，2007 (1)：1-5.

新生代农民工已经形成了比较一致的认识，将新生代农民工界定为出生于20世纪80年代以后，在异地以非农就业为主的农业户籍人口。

本研究按照国家统计局发布的《农民工监测报告》中对农民工的概念界定和对新生代农民工的统计范畴定义"新生代农民工"，是指1980年及以后出生的、户籍仍在农村，在本地从事非农产业或外出从业6个月及以上的劳动者。为此，本研究中的北京地区新生代农民工既包括具有北京本地户籍的新生代农民工，也包括外来进京务工的新生代农民工。

二、人力资本

资本是能够带来剩余价值的价值。人力资本作为一种特殊资本，具有使用价值和价值，是二者的有机统一。人力资本作为一种非物质资本，它是体现在劳动者身上的并能为其带来收入的能力，在一定时期内，主要表现为劳动者所拥有的知识、技能、劳动熟练程度和健康状况。人力资本在使用过程中能够创造出大于自身价值的价值，可以通过投资形成，并且人力资本投资收益率超过物力资本投资收益率。它具有五个特征：（1）人力资本是一种无形资本；（2）人力资本具有时效性；（3）人力资本具有收益递增性；（4）人力资本具有积累性；（5）人力资本具有无限的潜在创造性。人力资本比物质、货币等硬资本具有更大的增值空间，特别是在后工业时期和知识经济初期，人力资本将有着更大的增值潜力。因为作为"活资本"的人力资本，具有创新性、创造性，具有有效配置资源、调整企业发展战略等市场应变能力。

三、人力资本投资

贝克尔（Becker, G. S., 1964）在《人力资本》一书中是这样描述的："这一学科研究的是通过增加人的资源而影响未来的货币和物质收入的各种活动。这种活动就叫作人力资本投资"[1]。也就是说，凡是有利于形成与改善劳动力素质结构、提高人力资本利用率的费用与行为都可以认为是人力资本投资的范畴。一般而言，人力资本投资包括以下几个方面：（1）各级正规教育；（2）各类培训活动；（3）健康水平的提高；（4）对

---

[1] Becker, G. S. Human capital：A Theoretical and Empirical Analysis [M]. New York：Columbia University Press，1964.

孩子的培养；（5）寻找工作的活动；（6）劳动力迁移①。人力资本投资的特点包括：具有连续性、动态性；主体与客体具有同一性；投资者与受益者具有不完全一致性；人力资本投资收益形式多样；等等。

本研究中的人力资本投资是指用货币实物资本、商品和时间等资源，通过消费、教育学习、医疗保健、流动等形式向人进行投入的能够提高人的素质、生产效率和收入能力的一切活动。具体到新生代农民工的人力资本投资形式包括人力资本投资的各种手段，本研究将其分为四个方面，分别是教育投资、培训投资、健康投资（医疗保健）和迁移投资（劳动力流动）。

第三节 文 献 综 述

一、国内外研究现状

亚当·斯密（Adam Smith，1964）曾指出，伴随着大工业革命的到来，科学技术的普及化将逐步替代原有的经验生产套路，专业技术培训也将替代师徒传教，人的知识与技能将在未来生产当中发挥更大的作用。在这个过程中，亚当·斯密认为"学习就变成了一种才能。虽然进学校、做学徒所费时间、精力不少，但是这些所学会凝结在学习者身上，成为个人资产的一部分，未来会赢得额外收入"。因此，他强烈建议"国家应该鼓励、推动甚至强制全体国民接受最基本的教育"②，来实现整个国家劳动力素质水平的提高。20 世纪 50 年代的舒尔茨（T. W. Schultz，1990）是人力资本理论的奠基人。舒尔茨认为人的知识、能力、健康等人力资本对经济发展的作用和贡献要比物质资本、劳动力数量的单纯增多重要得多。他还指出，人的"经济才能并非与生俱来的，是伴随着后天的教育、健康、在职培训和劳动力迁移等这些带有投资性的活动逐步发展过来的"③。随着相关理论的不断丰富，国内外学者对人力资本投资问题进行了广泛的实

① 陈雄鹰. 北京科技型中小企业人力资本投资风险评估与预警 [M]. 北京：中央民族大学出版社，2015.
② 亚当·斯密. 国富论 [M]. 北京：商务印书馆，1964：257–258.
③ [美] 西奥多·舒尔茨. 人力资本投资——教育和研究的作用 [M]. 北京：商务印书馆，1990：55.

证研究。本研究将从教育与培训投资、健康投资、迁移投资三个方面进行系统归纳与总结。

（一）教育与培训投资研究现状

国内外关于人力资本投资的研究主要集中在教育与培训投资领域。

从宏观角度看，增加教育与培训投资对于提高一个国家或者地区的国民素质、经济发展水平和居民收入有重要作用。萨卡罗普洛斯（G. Psacharopoulos，1984）对典型发展中国家的面板数据进行实证研究表明，教育水平的提高能够增加人力资本存量，教育对经济增长有着积极的作用[1]。苏希尔·库马尔（Sushil Kumar，2010）等通过对印度1960年到2006年经济发展状况调查发现，人力资本投资对经济增长具有长期影响，教育投资是人力资本的主要投资形式，教育投资对人均国民生产总值有着显著影响[2]。李杰认为我国的人力资本投资能够带来一定程度的收益，但是整体上国家对人力资本的投入远远不足，政府应该对教育投资加以重视，有利于提高国民整体素质，让全民素质均衡化，加大教育资金的投入水平，从而充分发挥人力资本在经济发展中的作用[3]。刘蓉晖、赵云龙、马福玉通过实证研究发现，人力资本教育投资与GDP的增长呈正比例关系，贡献率较大，但是我国在人力资本教育投资方面存在着总量不足、配置不均衡等问题，导致我国人力资本的质量整体不高，致使人力资本不能有效地促进经济增长[4]。陈斌开、张鹏飞、杨汝巧根据2002年CHIP数据，通过调查后发现，教育水平的高低是影响中国城乡收入差距最主要的因素，城市偏向的教育经费投入政策直接影响着城乡教育水平、人力资本水平。教育水平的高低直接影响着人力资本水平的高低，直接导致中国城乡收入差距越来越大[5]。刘万霞使用1998~2005年间的省际时间序列数据，针对教育投资结构对经济增长的影响进行实证分析，结果显示，职业教育投资的投资比例越大，本地区经济发展水平越高。现阶段教育投资结构中对普通教

① George Psacharopoulos. Thecontribution of Education to Economic Growth: International Comparisons [J]. Economics of Education Review, 1984, 3 (4): 335-347.
② Sushil Kumar Haldar, Girijasankar Mallik. Does Human Capital Cause Economic Growth A Case Study of India [J]. International Journal of Economic Sciences and Applied Research, 2010, 3 (1): 7-9.
③ 李杰. 中国人力资本投资的内生增长研究 [J]. 世界经济, 2001 (4): 20-24.
④ 刘蓉晖, 赵云龙, 马福玉. 人力资本教育投资对中国经济增长的影响 [J]. 现代管理科学, 2014 (7): 37-39.
⑤ 陈斌开, 张鹏飞, 杨汝巧. 政府教育投入、人力资本投资与中国城乡收入差距 [J]. 管理世界, 2010 (1): 9-14.

育比较重视，而忽视了职业教育的投资，不利于教育结构均衡化①。

从微观角度看，增加教育与培训投资能够增强个人的知识能力，对提高个人的人力资本水平、提升组织绩效起着至关重要的作用。涅林芝·阿格雷（Niringiye Aggrey，2010）等学者采用非洲东部制造业公司面板数据揭示了人力资本对劳动生产率的重要性，结果表明教育和培训与劳动生产率呈正相关②。陈雄鹰等针对科技型中小企业的研究结果显示，人均培训费用和人均培训时间对企业绩效均具有显著正向影响③。邹薇、郑浩认为，在一些低收入家庭中，个体进行人力资本投资的意愿与其收入水平正相关，也就意味着贫穷的农村家庭进行人力资本投资的积极性不高；一些家庭越是富裕或者越是贫穷则他们的投资意愿更加强烈④。

从有关农民和农民工的研究来看，在教育投资方面，哈菲伦（Huffillan，1980）针对美国农户的样本数据进行实证分析，结果表明提高农民的教育水平可提高其认知能力，能够有效提高农民非农就业的积极性，同时认为通过教育可提高他们的就业收益，受教育水平直接影响他们非农就业的工资收益率⑤。夏莫（Summer，1982）对美国伊利诺伊州农民人力资本状况进行研究，研究发现，接受全日制教育的年限和他们的工资收益呈正相关，受教育程度每增加 1 年，会使得农民工每小时工资收益增加 4%，年工资收益会增加到 10%，在校教育年限对农民工的工资收益影响较大⑥。任远、陈春林认为学历的提升直接影响着农民工人力资本投资，学历较高的农民工的人力资本存量也会随之增加，农民工对教育的需求也越来越大，受教育程度较高的农民工会有更高的工资收益，同时增强了其继续投资教育的支付能力，拥有更好的就业机会，并形成一种良性循环⑦。刘万霞认为中等职业教育投入的增加会使农民工教育收益率大幅上升，技

① 刘万霞. 人力资本投资结构与地区经济增长对职业教育发展的启示 [J]. 中国人口资源与环境，2014（3）：16－18.

② Niringiye Aggrey，Luvanda Eliab，Shitundu Joseph. Human Capital and Labor Productivity in East African Manufacturing Firms [J]. Current Research Journal of Economic Theory，2010（2）：45－49.

③ 陈雄鹰，时雨，邱耀敏，李晨. 培训投入对科技中小企业绩效影响研究 [J]. 技术经济与管理研究，2015（2）：20－24.

④ 邹薇，郑浩. 贫困家庭的孩子为什么不读书：风险、人力资本代际传递和贫困陷阱 [J]. 经济学动态，2014（6）：16－31.

⑤ Huffillan，W. E. Farm and Oil Farm Work Decisions：the Role of Human Capital [J]. The Review of Economics and Statistics，1980，62（1）：14－23.

⑥ Summer，D. A. Theoff－farm Labor Supply of Farms American [J]. Journal of Agricultural Economics，1982，64（3）：2－9.

⑦ 任远，陈春林. 农民工收入的人力资本回报与加强对农民工的教育培训研究 [J]. 复旦学报（社会科学版），2010（6）：114－121.

能培训对提高农民工人力资本水平有很大帮助，从而对农民工的收入有积极的正向作用①。在培训投资方面，高文书认为加大对进城农民工的技能培训，其就业选择的余地就越大，竞争能力就会越强，选择高收入工作的概率就越大②。黄斌、徐彩群的研究结果显示，接受培训过的农民工的投资收益率会大幅度提升，其投资收益并不低于学历教育的投资收益。可见，政府有必要对农民工加强职业技术培训，并制定相关的培训政策，让农民工获得一定的技能资本，增加农民工的就业机会和发展空间，从而有助于农民工非农就业的增收作用③。李实、杨修娜对 2007 年 CHIP 数据（并结合 2010 年计生委数据）进行分析，结果表明，接受培训能使农民工显著增强自身的工作技能，每个月的工资水平会提高 6% 左右；企业内部提供的培训效果相对于社会提供的培训对农民工的工资影响会更大，企业更应该加强对企业工作相关的技能培训④。

（二）健康投资研究现状

从宏观角度看，吕娜、邹薇利用 CHNS 数据考察 1991～2006 年我国居民健康投资状况及其对居民收入状况的影响，结果表明，健康投资的增加可有效改善居民健康水平，我国公共健康投资的比重较大，然而私人健康投资严重不足，私人健康水平投入还需要加大，农村公共健康投资水平不足，私人健康投资的健康产出较低，远远低于全国水平⑤。张车伟运用来自中国贫困农村的数据，在控制着营养和健康变量"内生性"的前提下，估计了不同的营养和健康指标在中国贫困农村的回报和弹性，结果显示，几乎所有的营养和健康方面都影响到农村的劳动生产率，其中营养摄入和疾病的影响最为显著；平均来看，卡路里拥有量每增加 1%，种植业收入会相应增加 0.57%，而家庭劳动力因病无法工作时间每增加一个月，种植业收入将减少 2300 元；研究结果表明，要想使农民摆脱贫困的束缚，投资于营养和健康具有至关重要的作用⑥。鲍德温和约翰逊（Baldwin &

①　刘万霞. "技工荒"视野的职业教育需求测度 [J]. 重庆社会科学，2010 (10)：58 – 61.
②　高文书. 人力资本与进城农民工职业选择的实证研究 [J]. 人口与发展，2009 (3)：29 – 36.
③　黄斌，徐彩群. 农村劳动力非农就业与人力资本投资收益 [J]. 中国农村经济，2013 (1)：67 – 75.
④　李实，杨修娜. 我国农民工培训效果分析 [J]. 北京师范大学学报（社会科学版），2015 (6)：35 – 47.
⑤　吕娜，邹薇. 健康人力资本投资与居民收入——基于私人和公共部门健康支出的实证分析 [J]. 中国地质大学学报，2015 (1)：42 – 45.
⑥　张车伟. 营养、健康与效率——来自中国贫困农村的证据 [J]. 经济研究，2003 (1)：3 – 12.

Johnson, 1994) 通过实证研究发现不良的健康状况会对男性的工资收入产生影响，会导致男性工资减少 6.1%；女性的工资收入也会受到影响，女性工资收入减少 5.4%[①]。霍伊特·布利克利（Hoyt Bleakley, 2010）通过调查研究发现，减少疾病发生直接影响着居民收入水平，在健康资本投入的同时还可以输出其他形式的人力资本[②]。张建斌认为健康人力资本投资可以间接影响到其他形式的人力资本水平，通过加强医疗保健投资可以促进健康人力资本水平，直接影响着健康存量的多少；健康人力资本有助于农民工少生病，从而降低医疗费用支出，可以将个人有限的资产用于其他投资项目，反之则会使农民工因病返贫、致贫[③]。吕娜认为，健康状况较好的劳动者能够保障工作时间，从而容易获得高收入的工作机会，在一定程度上会影响家庭收入，也会对宏观经济造成影响[④]。因此应该重视人力资本投资，从而缩小收入之间存在的差距。

从有关农民工群体的研究来看，国外学者斯科特（Scott, 1977）等运用 Probit 模型针对健康资本投资对农民工的影响进行实证分析，结果显示农村劳动力在从事非农行业时，提升自身健康水平有利于农村劳动力向非农产业转移[⑤]。郭志仪、常晔认为我国农民工健康资本存量存在不足，农民工健康投资远远不能满足农民工自身对健康的需求，健康资本作为人力资本的基本保障，如果不及时进行投资维护，会对农民工的身体健康和工资收入造成不必要损失[⑥]。苑会娜根据在北京市城八区进行的农民工调查数据，分析指出农民工的健康状况直接影响着农民工的收入水平，同时还会影响到农民工的生活情况、生理健康程度、工作状况等[⑦]。高文书通过对上海等 12 个城市住户调查数据进行分析，运用 OLS 和工具变量法对拓展的 Mincer 工资方程的回归结果表明，身高对农民工工资报酬起着至关重要的作用，有着积极的影响；加大青少年营养和卫生保健等健康人力资本

① Baldwin, M. L. & Johnson, W. G. Labor Market Discrimination against Men with Disabilities [J]. Journal of Human Resources, 1994, 29 (1): 1–19.

② Hoyt Bleakley. Health Human Capital, and Development [J]. Annual Review of Economics, 2010 (3): 2–6.

③ 张建斌. 人力资本视角下的农村反贫困问题研究 [J]. 当代经济管理, 2011 (2): 6–11.

④ 吕娜. 微观数据视角下健康人力资本的收入效应研究 [J]. 商业经济研究, 2015 (9): 45–47.

⑤ Scott, L. C., Smith, L. H. & Rungeling, B. Laborforce Participation in Southern Rural Labor Markets [J]. American Journal of Agricultural Economics, 1977, 59 (2): 266–274.

⑥ 郭志仪, 常晔. 城镇化视角下的农村人力资本投资研究 [J]. 城市发展研究, 2007 (3): 50–53.

⑦ 苑会娜. 进城农民工的健康与收入——来自北京市农民工调查的证据 [J]. 管理世界, 2009 (5): 56–66.

投资，增加他们的健康资本提高生产率，能够带来很高的劳动力市场回报[①]。惠云、秦立建基于世界银行的实地调研数据进行了实证检验，指出农民工身体的状况越好，越会受到用工企业的追捧，农民工的健康人力资本存量越高，会有利于迁移和提高自身的工资收入[②]。

（三）迁移投资研究现状

关于人口流动，刘易斯的"二元经济发展"理论[③]、拉尼斯—费景汉模型[④]及托达罗预期收入理论[⑤]奠定了劳动力流动研究的理论基础。后续研究在此基础上进一步发展，形成了较为丰富的研究成果。

国外学者针对我国的农村劳动力流动问题重点从流动产生的原因、如何实现流动以及有何影响三个方面进行了探讨。对于农民工流动现象产生的原因，斯塔克和罗伯茨（Stark & Roberts，1988）主要研究了农民进城务工之后又出现回流现象的原因及影响，认为当时所施行的土地政策和户籍政策导致了农民工的回流[⑥]。德韦恩·本杰明和洛伦·布兰德（Dwayne Benjamin & Loren Brand，2000）等研究表明，自改革开放以来，农村地区与城市地区之间的收入差距逐步扩大，而这种收入差距导致农村出现劳动移民现象的产生[⑦]。对于农民工如何实现向城市的流动，约翰·奈德（John Knight，1996）的研究表明，社会关系网络对农村劳动力迁移者具有至关重要的作用，农村劳动力向城市迁移获得的信息主要靠家庭成员、亲戚和老乡等社会网络[⑧]。博杰克·斯特凡（Bojnec Stefan，2005）指出农村的劳动力实现转移的最为关键的影响因素是文化知识，文化水平越高

① 高文书. 人力资本与进城农民工职业选择的实证研究 [J]. 人口与发展，2009 (3)：29 – 36.

② 惠云，秦立建. 健康人力资本对农村劳动力务工区域的影响 [J]. 呼伦贝尔学院学报，2015 (2)：10 – 15.

③ [美] 阿瑟·刘易斯. 二元经济论 [M]. 施炜，谢兵译. 北京：北京经济学院出版社，1989：7 – 12，149 – 150.

④ Ranis, Gustav, J. C. H., Fei. A Theory of Economic Development [J]. American Economic Review, 1961 (4)：533 – 565.

⑤ Michael, P. Todaro. A Model of Labor Migration and Urban Unemployment in Less Developed Countries [J]. American Economic Review, 1969 (1)：138 – 148.

⑥ Oded Stark, Robert, E. B., Lucas. Migration Remittances and the Family [J]. Economic Development and Cultural Change, 1988 (3)：36 – 49.

⑦ Dwayne Benjamin, Loren Brandt, Guo Li. Markets, Human, Capital and Inequality Evidence from Rural China [D]. University of Toronto, 2000 (5).

⑧ John Knight, Lina Song. Towards a Labor Market in China [J]. Oxford Review of Economic Policy, 1996, 11 (4)：112 – 130.

使农民流向城市的意愿越强①。贝克尔在结合自己前面研究的基础上进一步发现了城乡居民之间的人力资本的差距，农村劳动力向城市迁移受到人力资本低的限制②。对于农民工流动产生的影响，罗宾·伊戴尔（Robyn Iredale，2000）研究了 20 世纪末中国出现的大量劳务移民的现象，他认为这是一种减轻农村失业和贫困的手段，是一个国家现代化过程中不可避免的，对经济的发展起到积极的影响③。罗泽尔和斯科特（Rozelle & Scott，1999）等研究发现农民外出务工带来的影响是两面性的，外出务工的负面影响是农村的家庭人员外出务工而不从事农业生产活动，会导致家中的农业产出下降，但外出务工的家庭成员所得的务工收入寄回家中却使得家里收入增加，这是正面影响④。

国内学者对农民工流动的研究主要从空间流动和职业流动两方面来进行探讨。关于农民工空间上的城乡流动的研究，学者们集中在农民工的跨区域流动、城乡间流动和返乡流动的讨论上。首先，区域间经济发展程度的差异所引发的劳动力市场需求影响人口迁移的流向与分布。东部沿海地区经济发达，劳动力需求旺盛，而中西部地区经济欠发达，存在劳动力剩余，因此中西部地区人口向东部沿海地区流动⑤。其次是城乡间的农民工流动。一方面，由于经济利益的驱动促使农村劳动力外出务工。另一方面，他们的社会关系依然留在农村，以亲缘地缘为基础形成传统情感纽带是他们难以或者不愿割舍的⑥，因此形成了农民工在城市和农村之间迁徙流动的候鸟现象。最后是关于农民工的返乡流动。李强认为农民工形成了特殊的"生命周期"。生命周期包括两个阶段：年轻时候外出打工挣钱，年龄大了以后返回家乡务农、务工或经商，所以农民工返乡现象是生命周期发挥的作用⑦。罗静等对武汉市农户家庭进行实地调研，通过调研数据

① Bojnec Stefan, Dries, L. Causes of Changes in Agricultural Employment in Slovenia Evidence From Micro – data. [J]. Journal of Agricultural Economics, 2005 (12): 54 – 68.

② Becker, G. Growing Human Capital Investment in China Compared to Falling Investment in the United State [J]. Journal of Policy Modeling, 2012 (34): 105 – 119.

③ Robyn Iredale. China's Labour Migration Since 1978. In: Harvie C. (eds) Contemporary Developments and Issues in China's Economic Transition [M]. Palgrave Macmillan, London, 2000.

④ Rozelle Scott, Guo Li, Shen Minggao, Amelia Hughart, John Giles. Leaving China's Farms: Survey Results of New Paths and Remaining Hurdles to Rural Migration [J]. The China Quarterly, 1999 (158): 367 – 393.

⑤ 俞璐. 20 世纪 90 年代中国迁移人口分布格局及其空间极化效应 [D]. 上海：华东师范大学，2006.

⑥ 卢通道. 新生代农民工城乡流动的推拉因素分析 [J]. 南方论刊，2012 (10): 54 – 55.

⑦ 李强. 影响中国城乡流动人口的推力与拉力因素分析 [J]. 中国社会科学，2003 (1): 125 – 136.

发现，在个体特征层面，年龄、性别以及自身文化程度都对农民工回流有着显著影响。在家庭特征层面，家庭务工人数越多，劳动力回流的负效应越显著，也就是家庭外出务工人数越多，回流意愿越小①。石秀珠从区域的宏观因素方面对回流现象进行了推拉力分析，她指出回流的"推力"是东部沿海地区经济发展放缓、企业开始转型升级，提高了就业门槛，而且社会保障、户籍制度各方面构成的障碍促使农民工选择回流，中西部地区发展越来越好，基础设施建设、各种惠农政策和快速的经济增长则构成了劳动力回流的"拉力"因素。制度性和政策性因素在研究中成为主要影响劳动力回流的因素②。王文刚等从家庭结构特征角度介入探讨农民工家庭化迁移的时间、程度、影响因素、对迁出地与流入地的影响等问题，指出中国的农民工群体存在家庭化迁移的趋势，从最初以个人迁移为主的候鸟式迁移转向以家庭为基本单元的整体式迁移③。关于农民工的职业流动的问题研究，有学者通过实证调查数据证实农民工是一个职业流动相对频繁的群体，他们的初次职业流动实现了职业地位的较大上升，但再次职业流动却基本上是水平流动④。林坚、葛晓巍通过代内流动表对农民初次职业、现在职业和未来职业预期变化的分析结果显示，尽管农民的流动的人数很多，但大多在低端岗位上水平移动，垂直移动的概率较低⑤。杨胜慧、唐杰通过对新生代农民工的调查研究发现，与老一代农民工相比，新生代农民工的流动意愿更加强烈，他们多以个人职业发展因素作为结束初次职业流动的原因，从而职业流动的可能性更大些⑥。杨红岭指出两方面要素制约新一代农民工的职业流动，分别是新一代的农民工人力资本保有量不多和人力资本增长较小，造成职业流动方向单一和流动频繁，使得流动在提质方面很难达到预估值⑦。

　　① 罗静，李伯华. 外出务工农户回流意愿及其影响因素分析——以武汉市新洲区为例 [J]. 华中农业大学学报（社会科学版），2008 (6)：29-33，43.
　　② 石秀珠. 我国农民工回流影响因素及再就业问题研究 [J]. 改革与战略，2013 (7)：71-73.
　　③ 王文刚，孙桂平，张文忠，王利敏. 京津冀地区流动人口家庭化迁移的特征与影响机理 [J]. 中国人口资源与环境，2017 (1)：137-145.
　　④ 李强. 中国大陆城市农民工的职业流动 [J]. 社会学研究，1999 (3)：9.
　　⑤ 林坚，葛晓巍. 我国农民的职业流动及择业期望 [J]. 浙江大学学报（社会科学版），2007 (2)：110-117.
　　⑥ 杨胜慧，唐杰. 初次职业选择对新生代农民工职业流动的影响 [J]. 青年探索，2015 (1)：87-93.
　　⑦ 杨红岭. 农民工职业流动受人力资本影响效应 [J]. 农业经济，2019 (4)：73-74.

二、文献述评

国外关于人力资本投资的研究取得了丰硕的成果。国外学者在充分解释人力资本投资的内涵与维度的基础上，建立了人力资本投资的基础理论与分析框架，并从国家或地区等宏观层面，针对教育培训、健康状况、劳动力流动对经济增长、收入水平变化等的影响进行分析论证，为我国农民工人力资本投资研究提供了较为丰富的理论基础与实证研究经验。但是鉴于国情差别，农民工作为我国经济社会发展过程中的特有产物，需要结合中国国情对该问题进行深入研究。

国内学者对农民工人力资本投资相关问题进行了大量的研究，成果显著，包括农民工的教育与培训、健康与社会保险、迁移流动与市民化等，其中有关农民工培训的研究更为丰富，已有研究成果为我国农民工人力资本投资问题的深入研究提供了较为充分的理论、认识和实践基础。但是随着农民工群体构成的变化以及经济社会发展对农民工能力素质要求的改变，新形势下农民工人力资本投资还存在一些需要进一步辨析的问题：一是在研究对象方面，新生代农民工是我国农民工群体和城镇化进程中市民化的主体，其人力资本投资状况影响着我国劳动者的整体素质、城镇化的进程以及经济社会发展。现有研究对我国新生代农民工人力资本投资的研究还不充分，需要加强对这一群体的重点关注与研究。二是在研究内容方面，新生代农民工人力资本投资的路径依赖，本质上是新生代农民工人力资本投资的特征与属性不相匹配的结果①。已有研究多从农民工人力资本意愿与供给角度进行分析，对农民工人力资本投资的内在需求关注较少，且多从培训角度开展研究，对其他人力资本投资维度的研究还较为欠缺。而其他维度也是构成新生代农民工人力资本的重要组成部分，且日渐重要，为此，需要从新生代农民工人力资本构成要素的角度出发，针对不同人力资本构成维度，一方面，充分了解新生代农民工的投资需求，另一方面，进行影响路径与投资路径研究，为新生代农民工的人力资本投资实践提供切实依据。三是在研究范围方面，北京作为新生代农民工的主要流入地之一，随着首都功能定位的再聚焦、经济发展模式的优化，以及产业结构的转型升级，其对新生代农民工的能力素质要求也在随之改变，需要立

① 王李. 新生代农民工人力资本理论研究述评——基于人力资本的构成与投资视角 [J]. 社会科学战线，2017（5）：280－282.

足北京地区的实际情况开展具体研究，为提高北京地区新生代农民工的人力资本水平以满足北京经济社会发展的需要提供现实依据和实践指导，而现有研究中针对北京地区的相关研究还较少。

北京作为超大城市其人口容纳空间受限，同时老龄化程度在持续加深，如何在限制人口规模增长的基础上提高人口质量，尤其是劳动力人口的质量，是关系到北京经济社会可持续发展的关键问题。如前所述，外来新生代农民工是促进北京地区经济社会发展过程中不可忽视的重要力量，突破户籍限制，对本地和外来新生代农民工进行同等有效的人力资本投资与开发就显得尤为重要。为此，本研究针对北京地区的新生代农民工，充分把握新生代农民工的人力资本投资需求，刻画新生代农民工不同人力资本投资维度的影响路径，在充分评估北京地区现有相关政策的基础上，提出不同人力资本投资维度的投资实施路径和政策支持建议。

第四节　研究设计与创新之处

一、研究思路

第一，本研究在解构新生代农民工人力资本投资维度的基础上，从不同维度梳理了北京地区新生代农民工的人力资本投资现状，并针对不同维度人力资本投资现状进行了基于人口学特征的比较研究，旨在呈现北京地区新生代农民工人力资本投资的全貌，为深入分析新生代农民工人力资本的投资行为与影响因素奠定基础。

第二，本研究多角度调查分析不同维度下北京地区新生代农民工的人力资本投资需求，把握新生代农民工人力资本投资的需求动态，旨在摸清北京地区新生代农民工不同维度人力资本投资的需求内容与需求程度。

第三，针对新生代农民工的人力资本投资意愿，本研究运用决策树分析法，建立北京地区新生代农民工不同维度人力资本投资的影响路径模型，从中提取影响新生代农民工不同维度人力资本投资意愿的关键因素，为设计北京地区新生代农民工的人力资本投资路径提供依据。

第四，在系统梳理现有相关政策的产生与发展的基础上，本研究对北京地区新生代农民工相关政策的落实情况进行归纳总结，从政策实施过程与政策产出效果两个方面对政策实施效果进行评估，并指出相关政策中存在的主要问题，为完善新生代农民工人力资本投资相关政策提供支持。

第五，本研究根据北京地区新生代农民工人力资本投资的现状、需求、影响因素以及现行政策中存在的主要问题，提出针对不同维度新生代农民工人力资本投资的具体路径和相应政策支持建议，以期为进一步促进北京地区新生代农民工的人力资本投资、提高人力资本投资效率提供新思路与政策参考。

需要说明的是，人力资本包含的内容有很多，不仅仅包含本研究重点分析的教育、培训、健康和迁移，还包括心理资本、知识资本、教化资本等要素。但为了能够抓住所研究的问题的关键，解决当前现实中的主要矛盾，本研究重点对其中的教育、培训、健康和迁移四个维度进行分析。同时，人力资本投资行为也可以从多个方面来衡量。过往农民工人力资本投资实践显示，农民工的投资意愿与投资需求是影响投资效果的关键，本研究则主要从三个方面分析北京地区新生代农民工的人力资本投资行为，即人力资本投资现状、投资需求、投资意愿及其影响因素。

本研究技术路线如图1-1所示。

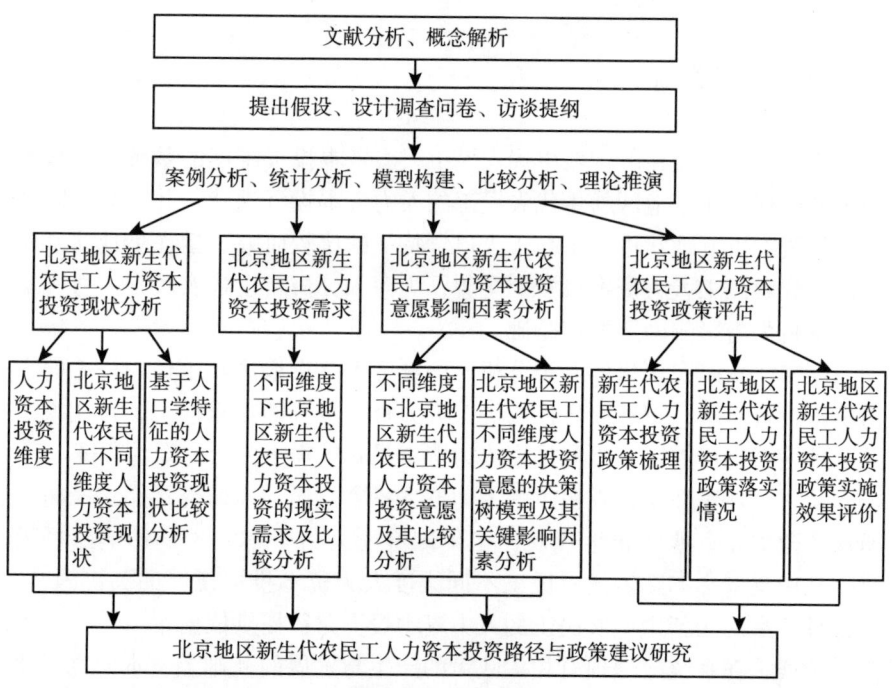

图1-1　技术路线

二、研究方法

本研究采用比较分析与历史分析相结合，定性分析与定量分析相结合以及规范分析与实证分析相结合的方法对北京地区新生代农民工人力资本投资问题进行了较为全面的研究和探索。

（一）历史分析与比较分析相结合

历史分析是指以中华人民共和国成立、改革开放和党的十八大为时间节点，系统地梳理了与新生代农民工人力资本投资有关的政策及其演变过程，归纳总结了北京地区新生代农民工人力资本投资相关政策的落实情况。比较分析包括不同维度下北京地区新生代农民工人力资本投资现状的比较、人力资本投资需求的比较，以及人力资本投资意愿的比较。

（二）定性分析和定量分析相结合

定性分析体现在采用文献分析法对本研究的核心概念、农民工教育培训、农民工健康、农民工流动等方面进行国内外文献梳理，借鉴相关概念、理论与研究方法。采用深度访谈法一方面对新生代农民工进行访谈，为设计调查问卷提供基础信息，对调查问卷收集的信息进行验证以及收集农民工人力资本投资的典型案例；另一方面对相关政府部门工作人员进行访谈，了解相关政策的制定、落实与成效等方面的情况。

定量分析体现在运用本研究调查的基础数据、国家统计局发布的统计数据以及《农民工监测报告》《中国劳动力市场报告》等二手数据对北京地区新生代农民工人力资本投资现状与需求，人力资本投资意愿的影响因素等问题进行量化分析。为搜集一手信息，深入了解北京地区新生代农民工人力资本投资等相关方面的情况，本研究通过问卷调查法进行了系统调查。首先，于2014年6月至8月，在北京地区进行了新生代农民工的试调研，对50名新生代农民工进行了问卷调查，对10名新生代农民工进行了深度访谈；其次，按照农民工在北京地区就业领域的主要分布情况，于2014年10月至12月，在3个月的时间内，对北京地区农民工主要集中的行业进行了问卷调查，受访过程中，大部分农民工是朴实热情的，在他们的配合支持下，最终完成了1820份问卷，其中有效问卷1733份。本研究对调查的一手数据进行描述统计分析、相关分析等，揭示北京地区新生代农民工人力资本投资的现实情况与实际需求，以及内部存在的差异性；运用决策树分析，建立不同维度北京地区新生代农民工人力资本投资意愿的影响因素模型。

（三）实证分析与规范分析相结合

实证分析是为了摸清北京地区农民工人力资本投资的现状、投资需求状况、投资意愿的影响因素、相关政策落实情况及其存在的主要问题。规范分析是为了解决北京地区新生代农民工投资路径与政策支持问题，通过规范分析提出北京地区新生代农民工人力资本投资的政策支持建议。

三、创新之处

1. 本研究从教育投资、培训投资、健康投资和迁移投资四个维度，系统全面地展现了北京地区新生代农民工人力资本投资现状与投资需求，并进行了基于人口学特征的比较分析。

已有研究多从单一人力资本投资维度进行分析，而人力资本及其投资涵盖多个维度，并综合体现在个人身上，因此单一维度的分析无法体现北京地区新生代农民工人力资本投资的整体水平。本研究是基于四个人力资本投资维度的调查研究，既反映了新生代农民工人力资本投资的全貌，又体现了新生代农民工内部在人力资本投资及其需求方面的个性特征，为相关部门把握北京地区新生代农民工人力资本投资状况提供了基础数据。

2. 本研究运用决策树分析法，综合新生代农民工的人口特征因素和经济特征因素，构建了北京地区新生代农民工不同维度人力资本投资意愿的影响因素模型，刻画了新生代农民工各维度人力资本投资的影响路径，更加形象地呈现了基于投资者特征的新生代农民工人力资本投资行为形成过程。

已有研究人多通过建立回归方程来定量分析影响新生代农民工投资意愿或行为的因素，这对于提炼新生代农民工人力资本投资的影响因素是非常重要的。但是在现实情境下，农民工的投资决策是多个因素共同作用的结果，而不是单独发生作用，这就需要进行各个因素的综合分析，从而更好地呈现出农民工投资意愿形成的具体路径。为此，本研究选择决策树分析法进行新生代农民工人力资本投资的影响因素分析，区别各变量的影响差异，并以路径轨迹对新生代农民工的人力资本投资意愿进行分类，为制定具体的新生代农民工人力资本投资路径提供了现实依据。

3. 本研究系统梳理了北京地区新生代农民工人力资本投资的相关政策与落实情况，从政策实施过程和政策产出效果两个方面对政策实施效果进行评估，并提出了促进北京地区新生代农民工人力资本投资的具体路径和政策支持建议。

总体上，农民工相比其他劳动力群体处于劣势地位，其人力资本投资离不开政府政策支持，相关政策的实施效果在很大程度上决定了新生代农民工的人力资本投资效率，而已有研究在这方面涉及较少且不系统。为此，本研究整理了从"一号文件"到国务院、人力资源和社会保障部以及北京市相关政府部门的政策文件；从培训标准、社会保险覆盖面、服务模式创新三个方面总结了北京市相关政策的落实成效；将政策提炼为若干适用于新生代农民工人力资本投资的政策条目，通过评价新生代农民工对相关政策的知晓度和满意度来反映政策的实施过程，并从新生代农民工投资收获的角度来评估政策的产出效果；在此基础上指出当前政策中存在的主要问题，并提出了促进北京地区新生代农民工人力资本投资的具体路径和政策支持建议，为进一步完善新生代农民工人力资本投资相关政策、提高人力资本投资效率提供政策参考。

四、本研究的不足及未来发展方向

人力资本是一个包含多个方面且相对抽象的概念，因而人力资本投资包含的内容也就较为丰富，除了本研究涉及的教育、培训、健康和迁移四个主要维度以外，还涉及心理资本、知识资本、教化资本等要素，其重要性会随着新生代农民工受教育程度、职业技能等的提升以及城市融入的深化而显得更为重要。今后还需从更多角度来探索新生代农民工的人力资本投资问题。

近几年，随着北京首都功能定位的确定和产业转型升级的逐步深化，特别是人工智能和大数据技术的广泛应用，北京劳动力市场对新生代农民工的能力素质的要求有所改变。为了使新生代农民工能够适应当前以及未来北京劳动力市场的需求，还需要持续性关注新生代农民工的人力资本投资动态，并结合新生代农民工人力资本构成要素，开展投资规模、投资方式等方面的量化研究，从多角度探索新生代农民工人力资本投资路径的形成，为相关政府部门持续性地优化支持政策提供依据。

第二章

北京地区新生代农民工
人力资本投资现状

新生代农民工的属性特征使得其人力资本投资带有鲜明的群体色彩，需要立足这一群体的人力资本特点，解析其人力资本投资的维度，并借助调研数据多方面客观呈现北京地区新生代农民工人力资本投资的现实情况，以及由此反映出来的问题，为政策激励提供基础依据。

第一节　新生代农民工人力资本投资维度

一、新生代农民工人力资本特点

新生代农民工作为农民工中的新生群体，一方面，因其与传统农民工同处城乡二元经济社会结构中，面临共同的社会境遇，自然潜移默化了这一群体共有的一些特征。另一方面，又因其出生成长于改革开放、社会加速转型的时代背景下，受成长环境、教育状况以及文化等因素的影响，明显带有不同于传统农民工的时代烙印以及同龄青年共有的人格特征。因此，新生代农民工人力资本也表现出不同于传统农民工的特点。

1. 投资性。舒尔茨指出，人力资本是体现在人身上的知识、技能存量和健康[①]。与老一代农民工相比，新生代农民工普遍接受过良好的教育，知识水平更高，就业技能更好，这些都是通过投资得来的，具有投资性。

[①]　[美] T. W. 舒尔茨. 论人力资本投资 [M]. 北京：经济学院出版社，1992：42 – 49.

2015 年深圳总工会针对深圳新生代农民工的调查结果显示，新生代农民工受教育程度明显高于老一代，他们大部分接受过九年义务教育，受过高中教育的要多于受过初中教育的，小学文化和文盲比例低，受过初中教育的占 33.7%，受过高中教育（中专、中技）的占 44.9%。在老一代中，受过初中教育的有 40.4%，其次是受过高中教育的有 38.2%，小学文化程度、文盲的比例要多于新生代农民工。

2. 时代性。新生代农民工是伴随着我国改革开放一起成长的，从小受到以城市文化为主的熏陶，并通过文化报刊、广播、影视、书籍以及网络等途径获取大量的知识和信息，不断充实自己，他们追求的目标、偏好等与父辈大相径庭，思维和价值取向更加多元化，更加趋向于现代文明和城市文化，不仅注重工资待遇，也注重自身技能的提升和发展，具有明显的时代特征。

3. 持续性。新生代农民工人力资本的累积是一个持续投资和累积的过程。相比老一代农民工，新生代农民工的就业选择更加广泛。他们来到城市打工，不仅谋求生存，而且渴望获得职业发展；他们不仅被用人单位选择，也主动选择用人单位，这使得他们更懂得通过继续教育、干中学、终身教育等方式来不断更新自身知识、技能和能力。

4. 易透支性。新生代农民工往往就职于中小企业，工作环境差，工作任务繁重。受用人观念和投资成本所限，很多中小企业不愿意投入过多的资金对其进行培训，即使某些企业提供在职培训，培训人数比重不高，培训次数也不多。这些都导致新生代农民工经常出现人力资本透支现象。

5. 高成本性。人力资本投资不仅包括教育、培训，还包括健康投资以及围绕就业机会的户籍和住房安排。健康投资的成本包括心理健康投资和生理健康投资。大多数中小企业工作环境差，在企业文化、人际沟通、闲暇时间、保健设施和医疗保障等方面投入明显不足，新生代农民工在大城市"看病贵""看病难"的局面并没有得到很好的改善。虽然自 2014 年起的户籍制度改革放松了农民工流入城市的户籍管制，降低了农民工融入的门槛，但那些新生代农民工更愿意流入大城市，融入成本依然较高，再加上大城市房价居高不下的影响，都增加了新生代农民工人力资本投资的成本。

二、新生代农民工人力资本投资维度

根据人力资本投资理论，新生代农民工的人力资本投资同样包括教育投资、培训投资、健康投资和迁移投资四个维度。

第一，教育投资。教育投资可以有效拓宽新生代农民工的知识面，使其接受系统的学习训练，增强对信息的认知和理解能力，从而把握住更好的就业机会，改善就业状况，实现高质量的就业。同时，在用人单位不了解求职者综合能力的情况下，拥有学历教育经历几乎成为进入劳动力市场、找到相应工作的敲门砖。教育投资主要包括新生代农民工接受的基础教育和继续教育。基础教育主要是指在正规学校进行的小学、初中和高中教育，一般发生在新生代农民工打工之前所接受的教育。继续教育则是指新生代农民工在工作期间，为进一步提升自身文化素质和技能所进行的人力资本的继续投资，通过自学、在职教育等方式获得人力资本积累的过程。

第二，培训投资。培训投资可以有效提高新生代农民工的劳动技能与技术熟练程度，使农民工在求职和工作中，拥有更多自主权与工资协商的能力，尤其是对于某些行业或岗位类型而言，工资水平依据个体的技术熟练程度不同而有很大的差距。同时，还可以帮助新时代农民工快速适应城市新生活，缓解与释放其在城市中的不适应感及心理压力，逐渐融入城市。培训投资主要包括在职培训、职业技能培训和自我业务培训等。在职培训一般是指公司为员工提供的用于提高员工技能，以促进公司业务发展的培训。职业技能培训是指新生代农民工为使自己在短期内迅速提升技能，通过职业技术学校的培训取得一定的资格证书。自我业务培训是指新生代农民工通过网络等新媒介资源学习，提升自己的知识水平和业务技能。

第三，健康投资。健康作为重要的人力资本构成要素之一，是人类"可行能力"和"基本自由"的体现。由于农民工群体的教育水平普遍较低，也比较缺乏培训经历，健康是其依存的最主要的人力资本，维系较好的身体健康状况和体力劳动能力是农民工在城市务工的基本条件①。健康状况会影响农民工健康工作的时间和劳动参与度，而且健康状况好的人通常具有较高的劳动生产率，直接对收入产生影响。因此，尽管健康投资不能直接增加人力资本存量，但是可以通过延长劳动者的劳动时间，提高其工作效率作用于人力资本。健康投资主要包括健康生活方式、健康观念养成以及医疗保健投资等。

第四，迁移投资。迁移投资作为人力资本投资的方式之一，在迁移过程中有助于个体人力资本总量的提高。新生代农民工的迁移投资主要是指

---

① 卢海阳，邱航帆，杨龙，钱文荣. 农民工健康研究：述评与分析框架［J］. 农业经济问题，2018（1）：110－120.

投入一定的成本支出来实现其在地域或产业间的转移与流动，通过变更就业环境与内容来满足个体偏好，从而实现更高的收益。一方面，迁移可以提高新生代农民工的就业技能。新生代农民工在迁移后必须重新学习新的劳动技能，强化工作纪律和敬业精神，并且额外学到许多非农生产和消费知识。另一方面，迁移可以促进新生代农民工获取更多有价值的信息，以改善自身资源的配置效率，提高生产力，在一定程度上规避未来的不确定和风险。当前，新生代农民工的迁移投资主要受到居住制度和户籍制度的影响。

第二节　北京地区新生代农民工人力资本投资现状

受农民工流动性较强的影响，官方对于农民工人力资本投资的统计数据较少，这里主要利用本研究的调研数据就上述四个维度对新生代农民工人力资本投资现状进行描述分析。本次调查共发放调查问卷 1820 份，回收有效问卷 1733 份，有效问卷回收率达 95.2%。具体调查对象分布如下：男性占比 54.7%，女性占比 45.3%；京籍占比 84.1%，非京籍占比 15.9%；80 前占比 58.6%，80 后占比 41.4%；在职占比 70%，失业占比 30%；已婚占比 72.6%，未婚占比 20.8%，离异占比 5.1%，丧偶占比 1.5%；单位性质为国有企业的占比 8.3%，事业单位的占比 8.5%，国家机关的占比 3.3%，外资企业的占比 4.8%，私营企业的占比 24.2%，集体企业的占比 6.3%，个体经济组织的占比 13.6%，自营的占比 11.8%，其他的占比 19.1%；从事行业为制造业的占比 12.5%，建筑业的占比 10.9%，交通运输业、仓储和邮政业的占比 16.3%，批发和零售业的占比 9.3%，住宿和餐饮业的占比 9.6%，居民服务、修理和其他服务业的占比 15.0%，其他的占比 26.2%；岗位类型为管理人员的占比 9.1%，专业技术人员的占比 13.5%，普通办事人员的占比 8%，商业人员的占比 5.1%，运输工人的占比 6%，服务业人员的占比 23.3%，建筑工人的占比 5.5%，生产线工人的占比 7%，其他的占比 22.5%。

一、教育投资现状

新生代农民工的文化程度部分代表了其教育投资水平。调查结果显示，北京地区新生代农民工的教育投资水平明显高于老一代农民工。新生代农民工中，高中学历者占比最多，为35.8%，而老一代农民工多以初中学历者居多，其占比约为52.3%。同时，具有大专、本科及以上学历的新生代农民工占比均明显超过老一代农民工，分别为20.8%和13.5%（见表2-1）。可见，相比老一代农民工，新生代农民工具有更高的人力资本存量。

表2-1　　　　　　　　　　文化程度分布情况　　　　　　　　单位：%

文化程度	全部	新生代	老一代
小学及以下	3.0	2.3	3.5
初中	42.0	27.6	52.3
高中（含职业高中、中专、技校）	32.4	35.8	29.9
大专	14.6	20.8	10.2
本科及以上	8.0	13.5	4.1
合计	100.0	100.0	100.0

二、培训投资现状

培训投资是新生代农民工提高人力资本存量的主要途径，具体可以从新生代农民工获取职业资格证书、培训参与度、培训信息的获取渠道、参加培训的主要提供方、培训内容等方面来体现培训现状。

1. 职业资格证书反映了新生代农民工职业技能投资的成果。调查结果显示，新生代农民工获取职业资格证书的比例偏低，但获取高级别职业资格证书的农民工比例略高于老一代农民工，如表2-2所示。新生代农民工无职业资格证书的比例为63.4%，明显高于老一代农民工，但值得注意的是，新生代农民工中获取较高级别职业资格证书的比例高于老一代农民工，获得中级工、高级工和高级技师的比例分别为10.6%、4.2%和1.1%。这说明已经有少部分新生代农民工意识到获取职业资格证书对于求职的重要意义，但大部分新生代农民工因年龄偏小、务工年限较短等因素的影响，尚未掌握相关技能或尚未意识到职业资格证书的重要性，导致其职业资格证书的获取率偏低。

表 2 - 2 　　　　　　　职业资格证书获取情况　　　　　　单位：%

职业资格证书	全部	新生代	老一代
无	54.3	63.4	47.3
初级工（五级）	28.5	17.1	37.3
中级工（四级）	9.0	10.6	7.8
高级工（三级）	3.6	4.2	3.1
技师（二级）	3.9	3.6	4.2
高级技师（一级）	0.7	1.1	0.3
合计	100.0	100.0	100.0

2. 新生代农民工最近一年的培训参与度较低。从最近一年来看，新生代农民工的培训参与度普遍低于老一代农民工，其中没有参加过任何培训的农民工比例高达43.2%，明显高于老一代农民工（见表2-3）。同时，参加过一次、两次和两次以上培训的农民工比例分别为32.7%、11.9%、12.2%，均低于老一代农民工，这进一步证实，大部分新生代农民工尚未充分认识到培训投资的重要性。

表 2 - 3 　　　　　　　最近一年参加培训的情况　　　　　　单位：%

参加培训次数	全部	新生代	老一代
一次	40.3	32.7	45.9
两次	16.7	11.9	20.2
两次以上	14.1	12.2	15.7
没有	28.9	43.2	18.2
合计	100.0	100.0	100.0

3. 所在企业是新生代农民工获取培训信息的主要渠道。从农民工获得培训信息的渠道来看，新生代农民工主要依靠所在企业获得培训信息，累计占比达43.6%。其次，新生代农民工通过培训机构和政府机构获取培训信息，累计占比分别为26.4%和20.5%。再次，新生代农民工通过朋友、家人、亲戚或邻居介绍来获取培训信息，累计占比为16.9%（见表2-4）。

　　此外，新生代农民工还通过电视、社区公告栏、报纸、杂志、互联网以及户外广告等渠道来获取培训信息，但各渠道的累计占比均不足10%。这与老一代农民工获取培训信息的渠道存在明显差异，后者获取培训信息的渠道相对多元化，反映出新生代农民工因进城时间短，受阅历所限，了解培训信息的渠道较窄，主要依赖所在企业提供培训信息。

表2-4　　　　　　　　　　获得培训信息的渠道　　　　　　　　单位：%

获得培训信息的渠道	新生代农民工		老一代农民工	
	响应	个案	响应	个案
A. 电视	6.7	9.5	8.5	11.0
B. 报纸、杂志	4.4	6.2	5.0	6.4
C. 户外广告	2.7	3.8	5.4	7.0
D. 社区公告栏	6.6	9.2	9.1	11.6
E. 政府机构	14.6	20.5	22.6	29.0
F. 朋友、家人、亲戚或邻居介绍	12.0	16.9	12.5	16.0
G. 互联网	3.2	4.6	3.8	4.7
H. 所在企业	31.0	43.6	8.4	10.8
I. 培训机构	18.8	26.4	24.7	31.6
合计	100.0	140.7	100.0	128.1

　　4. 新生代农民工参加的培训多为用人单位组织的专业技能培训和岗前培训。对于北京地区的新生代农民工来说，他们参加最多的是用人单位组织的专业技能培训和岗前培训，累计占比分别为46.1%和35.4%（见表2-5）。这是因为用人单位举办的培训基本都是从本单位的岗位实际需要出发，培训内容更加贴近工作实际，培训效果较好，能为新生代农民工带来直接收益，而且不需要农民工支付任何费用，从而成为新生代农民工的首选。其次是政府提供的再就业培训，累计占比为26.2%。老一代农民工参加的多为政府提供的再就业培训。这一方面是因为相比非营利机构、商业机构及各类学校提供的培训，政府提供的再就业培训成本低、针对性强而受到农民工的青睐；另一方面，新生代农民工相比老一代农民工在城市更容易找到工作，且进入制造业、服务业就业的机会更多，从而更容易获得来自用人单位的培训。另外，无论是新生代农民工还是老一代农民

工，参加学历教育的比例都较低。

表 2 - 5 　　　　　　　参加培训的主要提供方 　　　　单位：%

培训提供方	新生代农民工		老一代农民工	
	响应	个案	响应	个案
A. 用人单位组织的岗前培训	25.9	35.4	16.2	20.9
B. 用人单位组织的专业技能培训	33.8	46.1	17.6	22.7
C. 流入或流出地政府组织的培训	4.7	6.4	5.6	7.3
D. 政府提供的再就业培训	19.2	26.2	40.6	52.2
E. 非营利性技能培训机构提供的免费培训	8.4	11.5	10.6	13.6
F. 商业类培训机构的技能培训（如服装、厨师、挖掘机等）	3.4	4.6	3.2	4.1
G. 各类学校的自学考试、成人教育等学历教育	2.8	3.8	2.9	3.7
H. 其他	1.8	2.5	3.3	4.3
合计	100.0	136.5	100.0	128.8

5. 新生代农民工参加的培训内容以学习职业知识与技能为主。与老一代农民工相似，目前新生代农民工参加的培训内容主要是职业知识与技能，累计占比达 69.5%，可见农民工更注重职业知识与技能的提升，这直接关系到他们能否在城市中找到工作以及找到何种质量的工作。其次，文化知识和安全卫生知识也是新生代农民工较为重视的培训，其参加这两类内容培训的累计占比分别是 20.8% 和 19.5%，均高于老一代农民工。再次，新生代农民工参加创业知识、法律维权知识、心理健康知识培训的比例也较高，累计占比分别达到了 10.7%、9.6% 和 9.9%（见表 2 - 6）。

与老一代农民工相比，新生代农民工除了关注职业知识的积累和技能的提高，也开始重视自身文化素质、身体和心理健康素质的提升。但新生代农民工参加法律维权知识方面的培训比例低于老一代农民工。这与老一代农民工在城市工作的时间更长，其遭遇更多的诸如薪酬拖欠、工伤事故无赔付等侵权事件有关。

表2-6　　　　　　　　　　参加的主要培训内容　　　　　　　　单位：%

培训内容	新生代农民工		老一代农民工	
	响应	个案	响应	个案
A. 职业知识与技能	47.2	69.5	47.1	63.8
B. 法律维权知识	6.6	9.6	10.4	14.0
C. 安全卫生知识	13.3	19.5	10.8	14.7
D. 文化知识	14.1	20.8	10.5	14.2
E. 创业知识	7.2	10.7	7.8	10.6
F. 城市生活知识	2.1	3.0	3.1	4.3
G. 心理健康知识	6.7	9.9	4.0	5.4
H. 其他	2.8	4.1	6.3	8.5
合计	100.0	147.1	100.0	135.5

6. 新生代农民工比较认可所接受的培训，但是整体培训效果评价略低于老一代农民工。调查结果显示，54.3%的新生代农民工认为所接受的培训效果好，但是认为培训效果很好的比例则明显低于老一代农民工（见表2-7）。同样，他们认为培训效果不太好、不好和不确定的比例均高于老一代农民工。这说明新生代农民工受文化程度等因素的影响对所参加的培训提出了更高的要求。

表2-7　　　　　　　　　　　培训效果评价　　　　　　　　　　单位：%

培训效果	全部	新生代	老一代
很好	37.6	27.8	42.7
好	48.6	54.3	45.6
不太好	9.2	12.2	7.6
不好	0.7	1.0	0.5
不确定	3.9	4.7	3.6
合计	100.0	100.0	100.0

三、健康投资现状

健康投资状况不仅包括新生代农民工的身体健康情况，还包括他们对于维持健康的医疗保健投资情况。由于测量健康投资行为具有一定难度，本研究重点从健康投资的结果（即身体健康状况，体现健康维护的效果）、体检和看病三个方面对新生代农民工的健康投资状况进行分析。

1. 大多数新生代农民工健康状况良好，而且略好于老一代农民工。调查结果显示，86.4%的新生代农民工目前身体状况良好，这一比例高于老一代农民工，而仅有0.4%的新生代农民工身体状况较差（见表2-8）。农民工的健康状况与其所处的年龄阶段有关。新生代农民工皆为40岁以下的青壮年劳动者，是劳动者的黄金时期。随着年龄的增长，人体的健康会出现一定程度的折旧，表现为老一代农民工的身体健康水平整体低于新生代农民工。

表2-8　　　　　　　　　　　　健康状况　　　　　　　　　单位：%

健康状况	全部	新生代	老一代
良好	83.1	86.4	80.5
一般	16.1	13.2	18.3
较差	0.8	0.4	1.2
合计	100.0	100.0	100.0

2. 大多数新生代农民工都能做到平均一年体检一次，但体检频率略低于老一代农民工。针对体检频率的调查结果显示，61.8%的新生代农民工平均一年能够体检一次，12.7%的新生代农民工平均一年体检两次，但还有10.6%的新生代农民工从未体检过（见表2-9）。新生代农民工的体检频率总体低于老一代农民工，这可能与其身体状况良好有一定关系，但更多地与新生代农民工的自我体检意识有关。新生代农民工大多认为自己年轻、身体好，不需要进行体检，从而降低了平均体检频率。

表 2 – 9 　　　　　　　　　　参加体检情况　　　　　　　　　单位：%

体检状况	全部	新生代	老一代
平均 1 年 2 次	15.9	12.7	18.4
平均 1 年 1 次	62.4	61.8	62.9
平均 2 年 1 次	7.5	7.5	7.5
更长时间 1 次	5.9	7.4	4.7
从未参加过	8.3	10.6	6.5
合计	100.0	100.0	100.0

3. 通过医疗保险看病是新生代农民工生病时的首选措施。在问及新生代农民工生病时采取的措施时，"通过医疗保险解决"通常是他们的第一选择，累计占比为 47.0%。其次是"个人去药店购药解决"这种方式被选择的累计占比为 33.3%。再次是"到医院自费治疗"这种方式被选择的累计占比较低，为 28.2%。最后，"能忍就忍，尽量不看病"这种方式被选择的累计占比最低，不足 10%。对于老一代农民工来说，他们主要选择"通过医疗保险解决"这种方式，其累计占比为 51.4%（见表 2 – 10）。这说明新生代农民工具有较强的保健意识，在生病时会积极采取办法，但利用医疗保险解决的比例略低于老一代农民工。这一方面可能与其身体状况较好有关，生病主要以感冒发烧等为主，基本可以通过自行购药解决；另一方面可能与其是否在当地有医疗保险有关，通常情况下，在当地有医疗保险的农民工会更倾向于寻求正规的医疗卫生服务。

表 2 – 10 　　　　　　　　　　生病时采取的措施　　　　　　　　　单位：%

生病时采取的措施	新生代农民工		老一代农民工	
	响应	个案	响应	个案
个人去药店购药解决	28.5	33.3	23.7	27.7
到医院自费治疗	24.1	28.2	24.5	28.5
通过医疗保险解决	40.2	47.0	44.1	51.4
能忍就忍，尽量不看病	7.2	8.6	7.7	9.0
合计	100.0	117.1	100.0	116.6

四、迁移投资现状

新生代农民工的迁移投资主要表现为实现迁移所付出的直接成本，可以用其每月在城市的支出与在老家时的支出进行比较来体现，具体支出涉及住房支出、伙食支出、医药支出等（见表 2 - 11）。其中，住房支出在新生代农民工月支出中的占比最高，约为 37%。其次，伙食支出占比与住房支出接近，约为 35%。医药支出最低，平均每月为 78.7 元，约占总支出的 3.6%。

表 2 - 11　　　　　新生代农民工平均每月支出情况　　　　单位：元

	均值	标准差	方差
每月住房支出	819.30	1212.759	1470773.03
每月伙食支出	772.52	543.799	295716.59
每年医药支出	944.81	2009.399	4037672.15
每月其他支出	633.64	744.259	553908.40
月支出合计	2208.86	1739.89	3027212.02

根据国家统计局发布的《2018 年农民工监测报告》，进城农民工人均居住面积为 20.2 平方米，城市规模越大，进城农民工人均居住面积越小。在 500 万人以上城市，人均居住面积为 15.9 平方米。农民工在大城市居住的往往是工地厂棚、单位集体宿舍或"城中村"、城郊的民房等非正规性住房。较小的住房面积和较为简陋的住宿条件可以降低农民工的住房支出，但北京的高房价依然推高了农民工的住房支出及其占比。两代农民工在住房支出上有显著差异[①]，新生代农民工的月住房支出略高于老一代农民工，其对住宿条件有更高的要求。

比较新生代农民工进城前后的月支出发现，其月支出有明显变化（见表 2 - 12）。其中，新生代农民工进城前在老家时的平均月支出为 1281 元，而进城后的平均月支出为 2218 元，增长了 73%，有了较大幅度的提高。

---

① 利用本研究调研数据，两者住房支出的方差检验 F 统计量为 12.597，显著性为 0.000。

表 2 - 12   新生代农民工进城前后月支出差异性检验

	成对差分				t	Sig.（双侧）
	均值	标准差	差分的95%置信区间			
			下限	上限		
城市月支出—在家乡时每月支出（元）	935.853	4987.19	522.27	1349.44	4.45	0.000

新生代农民工进城工作也会带来月收入的增加。比较新生代农民工进城前后的月收入（见表 2 - 13）发现，其进城前在老家时的平均月收入为2339 元，进城后的平均月收入为3912 元，增长了67%，略低于农民工进城后的平均月支出73%的涨幅。可见，新生代农民工进城工作付出了较高的迁移成本。

表 2 - 13   新生代农民工进城前后月收入差异性检验

	成对差分				t	Sig.（双侧）
	均值	标准差	差分的95%置信区间			
			下限	上限		
城市月收入—在家乡时每月收入（元）	973.62	1598.58	850.97	1096.27	15.59	0.000

第三节 北京地区新生代农民工人力资本投资的差异性

从前文分析可知，北京地区新生代农民工在人力资本投资方面与老一代农民工有明显差异。那么，新生代农民工内部在人力资本投资方面是否存在差异呢？为了解决这一问题，从而挖掘出影响新生代农民工人力资本投资行为的内部因素，本研究利用交叉分析和卡方检验，就不同性别、户籍、年龄代际、婚姻状况、文化程度、单位性质、从事行业以及岗位类型下的新生代农民工人力资本投资异同进行了检验和分析。

一、教育投资的差异性

第一，从不同性别的新生代农民工的教育投资来看，女性的个人教育情况好于男性。在被调查的新生代农民工群体中，男性和女性虽然都以高中学历为主，但女性的大专学历和本科及以上学历占比分别为 25.5% 和 16.1%，明显高于男性的占比（见表 2 - 14）。这一方面可能与本研究所采集的样本中女性农民工的文化程度偏高有关；另一方面也源于北京地区新生代农民工整体的文化程度较高。《2018 年农民工监测调查报告》显示，在监测的农民工中，具有大专及以上文化程度的农民工比例为 10.9%。北京地区的新生代农民工的文化程度远高于这一水平，进而北京地区女性新生代农民工的文化程度也相对高一些。

表 2 - 14　　　　　不同性别新生代农民工的文化程度分布

性别分类		文化程度					合计
		小学及以下	初中	高中	大专	本科及以上	
男性	性别中的%	3.0	31.8	37.8	16.4	11.0	100.0
女性	性别中的%	1.2	22.5	34.7	25.5	16.1	100.0
卡方检验		Pearson 卡方值 = 18.923，渐进 Sig.（双侧）= 0.001（1% 水平下显著）					

第二，从户籍来看，京籍新生代农民工的教育情况普遍好于非京籍人员。京籍新生代农民工以高中学历为主，占比为 38.6%，其次为大专学历，占比为 27.4%；而非京籍人员则以初中学历为主，占比高达 45.9%，其次是高中学历，占比为 29.3%（见表 2 - 15）。产生这一现象的主要原因是：北京作为全国的政治、文化、国际交往、科技创新中心，政府多年来持续加大对教育的投资力度，北京人均受教育年限近 12 年，明显高于其他地区，这与调查结果基本符合。但值得注意的是，本科及以上学历的京籍人员与非京籍人员占比相差不多。

第三，不同单位性质下的新生代农民工的教育情况有一定差别。其中，事业单位从业人员中占比最高的是本科及以上学历，为 45.8%；国家机关从业人员中占比最高的是本科及以上学历和高中学历，两者占比均为 36%；集体企业从业人员中占比最高的是大专学历，为 47.8%；国有企业、外资企业、私营企业、自营组织从业人员中占比最高的是高中学历，分别为38.2%、42.2%、40.7%和37.1%；而个体经济组织从业人员中占比最高的则是初中学历，为48.7%（见表2－16）。总体来看，工作单位越是稳定，其录用的新生代农民工的教育投资水平越高。

表2－15　　　　　不同户籍新生代农民工的文化程度分布

户籍分类		文化程度					合计
		小学及以下	初中	高中	大专	本科及以上	
京籍	户籍中的%	1.5	18.2	38.6	27.4	14.3	100.0
非京籍	户籍中的%	3.7	45.9	29.3	8.7	12.4	100.0
卡方检验		Pearson 卡方值 = 77.586，渐进 Sig.（双侧）= 0.000（1%水平下显著）					

表2－16　　　　不同单位性质下新生代农民工的文化程度分布

单位分类		文化程度					合计
		小学及以下	初中	高中	大专	本科及以上	
国有企业	单位类型中的%	1.8	18.2	38.2	25.5	16.3	100.0
事业单位	单位类型中的%	4.2	11.1	19.4	19.5	45.8	100.0
国家机关	单位类型中的%	0.0	8.0	36.0	20.0	36.0	100.0
外资企业	单位类型中的%	0.0	8.9	42.2	33.3	15.6	100.0
私营企业	单位类型中的%	1.7	30.1	40.7	19.9	7.6	100.0
集体企业	单位类型中的%	0.0	21.7	8.7	47.8	21.8	100.0
个体经济	单位类型中的%	2.6	48.7	35.3	10.9	2.5	100.0
自营	单位类型中的%	4.8	27.4	37.1	21.0	9.7	100.0
其他	单位类型中的%	3.8	22.2	40.7	25.9	7.4	100.0
卡方检验		Pearson 卡方值 = 160.950，渐进 Sig.（双侧）= 0.000（1%水平下显著）					

　　第四，从事不同行业的新生代农民工的教育情况也存在一定差距。尽管新生代农民工较老一代农民工接受了更多的教育，但总体而言他们的教育层次还是较低，就业主要集中在低端行业。其中，从事制造业、交通

运输业、仓储和邮政业、批发和零售业、住宿和餐饮业、居民服务、修理和其他服务业的新生代农民工，均以高中学历占比最多，而建筑业的新生代农民工则是初中学历占比最高，这意味着人力资本投资的多少限制了农民工所能从事的行业，并将持续地影响其城市就业的职业发展（见表 2 – 17）。

表 2 – 17　　　　　不同行业新生代农民工的文化程度分布

行业分类		文化程度					合计
		小学及以下	初中	高中	大专	本科及以上	
制造业	行业中的%	1.1	26.6	47.9	17.0	7.4	100.0
建筑业	行业中的%	6.1	34.7	26.5	18.4	14.3	100.0
交通运输业、仓储和邮政业	行业中的%	0.0	27.3	42.1	19.8	10.8	100.0
批发和零售业	行业中的%	1.1	28.6	40.7	25.3	4.3	100.0
住宿和餐饮业	行业中的%	3.0	29.6	37.8	20.4	9.2	100.0
居民服务、修理和其他服务业	行业中的%	1.0	28.0	34.0	29.0	8.0	100.0
其他	行业中的%	2.3	12.6	24.1	17.2	43.8	100.0
卡方检验		Pearson 卡方值 = 109.646，渐进 Sig.（双侧）= 0.000（1% 水平下显著）					

第五，不同岗位类型从业人员的教育投资差异也较为显著。在新生代农民工就职的岗位中，管理人员岗位中占比最多的是具有本科及以上学历的农民工，其比例为 31.7%；专业技术人员和普通办事人员中占比最多的是具有大专学历的农民工，分别为 30.8% 和 42.4%；生产线工人、商业人员和服务业人员中占比最多的则是具有高中学历的农民工，分别为 51.9%、50% 和 37.7%；建筑工人与运输工人中占比最多的是具有初中学历的农民工，分别为 64.7% 和 47.5%（见表 2 – 18）。在上述岗位类型中，技术含量越高、能力要求越复杂的岗位，其从业的新生代农民工的教育投资情况越好，反之，其从业新生代农民工的教育投资情况相对较差。可见，教育投资的水平直接影响着新生代农民工所能从事的岗位。

表 2 - 18   不同岗位类型新生代农民工的文化程度分布

岗位分类		文化程度					合计
		小学及以下	初中	高中	大专	本科及以上	
管理人员	岗位类型中的%	3.2	7.9	30.2	27.0	31.7	100.0
专业技术人员	岗位类型中的%	1.0	19.2	27.9	30.8	21.1	100.0
普通办事人员	岗位类型中的%	0.0	8.5	39.0	42.4	10.1	100.0
商业人员	岗位类型中的%	2.1	27.1	50.0	16.7	4.1	100.0
运输工人	岗位类型中的%	0.0	47.5	40.0	7.5	5.0	100.0
服务业人员	岗位类型中的%	1.0	35.2	37.7	22.6	3.5	100.0
建筑工人	岗位类型中的%	9.7	64.7	21.6	2.0	2.0	100.0
生产线工人	岗位类型中的%	5.6	31.5	51.9	9.1	1.9	100.0
其他	岗位类型中的%	1.3	13.7	28.8	13.7	42.5	100.0
卡方检验		Pearson 卡方值 = 228.608，渐进 Sig.（双侧）= 0.000（1% 水平下显著）					

二、培训投资的差异性

（一）获取职业资格证书的差异性

从户籍分布来看，京籍新生代农民工的职业资格证书获取率远高于非京籍人员。其中，45.7%的京籍人员已经获取了职业资格证书，而且无论是初级工、中级工、高级工、技师还是高级技师的获取率都高于非京籍人员（见表 2 - 19）。这一方面可能与京籍人员相比非京籍人员更加重视培训投资有关，另一方面也与京籍人员参加北京地区的职业资格考试比较便利、更容易获取考试信息有关。

从年龄代际来看，80 后新生代农民工的职业资格证书的获取率明显高于 90 后的新生代农民工（见表 2 - 20）。其中，80 后新生代农民工的职业资格证书获取率为 38.8%，而 90 后的这一比例仅为 27.1%。导致这种差异的主要原因是 80 后新生代农民工经过几年的工作磨炼，技术能力有所提高，而且他们比较清楚职业资格证书对于就业的重要作用，因此对于获取职业资格证书具有一定的主动性和积极性。但从获取证书的级别来看，80后新生代农民工获取技师和高级技师的比例略低于90后，这说明一部分90后已经认识到职业资格证书的重要性，并且由于90后的受教育程度较80后要高一些，其考取更高级别的职业资格证书的概率也更高一些。

表 2 - 19　　　　不同户籍新生代农民工职业资格证书的获取情况

户籍分类		职业资格证书						合计
		无	初级工	中级工	高级工	技师	高级技师	
京籍	户籍中的%	54.3	21.4	13.3	5.6	3.8	1.6	100.0
非京籍	户籍中的%	81.0	8.3	5.4	1.7	3.3	0.3	100.0
卡方检验		Pearson 卡方值 = 50.807，渐进 Sig.（双侧）= 0.000（1% 水平下显著）						

表 2 - 20　　　　不同年龄代际新生代农民工职业资格证书的获取情况

年龄分类		职业资格证书						合计
		无	初级工	中级工	高级工	技师	高级技师	
80 后	年龄代际中的%	61.2	18.3	11.8	4.6	3.0	1.1	100.0
90 后	年龄代际中的%	72.9	11.6	5.4	2.3	6.2	1.6	100.0
卡方检验		Pearson 卡方值 = 13.577，渐进 Sig.（双侧）= 0.019（5% 水平下显著）						

不同婚姻状态下的新生代农民工的职业资格证书获取率存在差异（见表 2 - 21）。其中，丧偶人员的职业资格获取率最高，为 50%；其次是离异人员，职业资格获取率为 47.8%；未婚人员的职业资格获取率为 41.4%；已婚人员的职业资格获取率最低，仅为 32.9%。这一方面与丧偶和离异人员的调查样本少有关；另一方面，这两者年龄总体相对大一些，从业经验和阅历更丰富一些，更重视职业资格证书的重要性，从而考取职业资格证书的概率会更高一些。

表2－21　　　　不同婚姻状态新生代农民工职业资格证书的获取情况

婚姻状态		职业资格证书						合计
		无	初级工	中级工	高级工	技师	高级技师	
已婚	婚姻状态中的%	67.1	16.1	11.1	4.0	1.7	0.0	100.0
未婚	婚姻状态中的%	58.6	17.2	10.5	4.3	6.3	3.1	100.0
离异	婚姻状态中的%	52.2	34.9	4.3	4.3	4.3	0.0	100.0
丧偶	婚姻状态中的%	50.0	25.0	0.0	0.0	25.0	0.0	100.0
卡方检验		Pearson 卡方值 = 35.877，渐进 Sig.（双侧）= 0.002（1%水平下显著）						

从受教育程度来看，新生代农民工的职业资格证书的获取率随着受教育程度的提升而有所增加（见表2－22）。调查结果显示，具有本科及以上学历的农民工的职业资格证书获取率高达61.7%，具有大专学历的农民工的职业资格证书获取率为51.7%，而具有高中、初中和小学及以下学历的农民工的职业资格证书获取率则相对较低。这意味着受教育程度越高，对于培训投资的认同度越高，越有动力获取职业资格证书。

表2－22　　　不同文化程度的新生代农民工职业资格证书的获取情况

文化程度		职业资格证书						合计
		无	初级工	中级工	高级工	技师	高级技师	
小学及以下	文化程度中的%	71.4	7.1	0.0	0.0	7.1	14.4	100.0
初中	文化程度中的%	78.7	16.5	1.1	2.1	1.6	0.0	100.0
高中	文化程度中的%	69.1	18.5	8.0	1.6	2.8	0.0	100.0
大专	文化程度中的%	48.3	16.8	25.9	6.2	2.8	0.0	100.0
本科及以上	文化程度中的%	38.3	17.0	14.9	12.8	10.6	6.4	100.0
卡方检验		Pearson 卡方值 = 166.185，渐进 Sig.（双侧）= 0.000（1%水平下显著）						

就职于不同性质工作单位的新生代农民工，其职业资格证书获取率也存在一定差别（见表2－23）。在事业单位、集体企业和国家机关工作的新生代农民工，其职业资格证书的获取率最高，分别为77.1%、73.9%和

70.8%，其中在国家机关和事业单位工作的农民工以拥有中级工职业资格为主（30.0%），集体企业则以初级工职业资格为主（43.5%）。在自营组织工作的农民工，其职业资格证书获取率为41.3%，且以初级工职业资格为主（27.0%）。在外资企业和国有企业工作的农民工，其职业资格获取率略低。由此可以看出，在体制内单位工作的新生代农民工，其职业资格获取率较高，主要原因在于：一方面，此类单位的就业比较稳定，员工不需要频繁更换工作，单位对员工的职业技能的要求比较清晰和稳定，且对于员工考取职业资格证书的支持力度较大，因此员工有获取职业资格证书的机会和条件；另一方面，此类单位的员工工资待遇、职位晋升往往与职业资格证书的持有情况有较大关联，从而对新生代农民工获取职业资格的意愿起到了较好的正向激励作用。

表2-23　　　　就职不同单位性质新生代农民工职业资格证书的获取情况

单位分类		职业资格证书						合计
		无	初级工	中级工	高级工	技师	高级技师	
国有企业	单位类型中的%	62.5	8.9	12.5	5.4	8.9	1.8	100.0
事业单位	单位类型中的%	22.9	28.6	30.0	8.6	5.7	4.2	100.0
国家机关	单位类型中的%	29.2	20.8	33.3	12.5	4.2	0.0	100.0
外资企业	单位类型中的%	65.9	6.8	13.6	6.8	2.3	4.6	100.0
私营企业	单位类型中的%	78.6	10.7	6.4	2.6	1.7	0.0	100.0
集体企业	单位类型中的%	26.1	43.5	17.4	13.0	0.0	0.0	100.0
个体经济	单位类型中的%	73.1	16.8	1.7	3.4	4.2	0.8	100.0
自营	单位类型中的%	58.7	27.0	6.3	1.6	4.8	1.6	100.0
其他	单位类型中的%	65.3	18.4	12.2	0.0	4.1	0.0	100.0
卡方检验		Pearson 卡方值=159.627，渐进 Sig.（双侧）=0.000（1%水平下显著）						

从事行业不同的新生代农民工，其职业资格证书获取率也有明显区别（见表2-24）。交通运输业、仓储和邮政业的新生代农民工的职业资格证书获取率较高，为52.1%。建筑业次之，职业资格证书获取率为42.6%。居民服务、修理和其他服务业的新生代农民工的职业资格证书获取率虽然

不高，但是技师的比率最高，为10.1%。制造业、批发和零售业、住宿和餐饮业的新生代农民工的职业资格证书获取率最低。这主要与行业特点密切相关，拥有职业资格证书种类多的行业，其职业资格证书的获取率相对较高。

表2-24　　　不同行业新生代农民工职业资格证书的获取情况

行业分类		职业资格证书						合计
		无	初级工	中级工	高级工	技师	高级技师	
制造业	行业中的%	76.9	6.6	8.8	6.6	0.0	1.1	100.0
建筑业	行业中的%	57.4	20.2	11.7	3.2	6.4	1.1	100.0
交通运输业、仓储和邮政业	行业中的%	47.9	22.3	24.0	4.1	1.7	0.0	100.0
批发和零售业	行业中的%	74.7	16.5	5.5	2.2	1.1	0.0	100.0
住宿和餐饮业	行业中的%	72.7	17.2	2.0	4.0	3.0	1.0	100.0
居民服务、修理和其他服务业	行业中的%	67.7	11.1	5.1	6.1	10.1	0.0	100.0
其他	行业中的%	53.6	22.6	15.5	1.2	3.6	3.6	100.0
卡方检验		Pearson 卡方值 = 93.579，渐进 Sig.（双侧）= 0.000（1%水平下显著）						

从岗位类型来看，从事专业技术人员岗位的新生代农民工的职业资格证书获取率是最高的，为69.9%。其次是普通办事人员，其职业资格证书获取率为54.2%。而建筑工人和生产线工人的职业资格证书获取率最低。由此可见，新生代农民工所从事的岗位技能要求越高，其职业资格证书的获取率就越高（见表2-25）。

表2-25　　　不同岗位类型新生代农民工职业资格证书的获取情况

岗位分类		职业资格证书						合计
		无	初级工	中级工	高级工	技师	高级技师	
管理人员	岗位类型中的%	62.3	4.9	13.1	3.3	9.8	6.6	100.0
专业技术人员	岗位类型中的%	30.1	25.2	24.3	9.7	9.7	1.0	100.0

岗位分类		职业资格证书						合计
		无	初级工	中级工	高级工	技师	高级技师	
普通办事人员	岗位类型中的%	45.8	18.6	25.4	5.1	1.7	3.4	100.0
商业人员	岗位类型中的%	72.3	19.1	8.6	0.0	0.0	0.0	100.0
运输工人	岗位类型中的%	78.6	16.7	2.4	0.0	0.0	2.3	100.0
服务业人员	岗位类型中的%	70.6	16.8	4.6	4.6	3.4	0.0	100.0
建筑工人	岗位类型中的%	89.8	6.2	0.0	2.0	2.0	0.0	100.0
生产线工人	岗位类型中的%	83.3	9.3	3.7	3.7	0.0	0.0	100.0
其他	岗位类型中的%	62.9	24.3	12.8	0.0	0.0	0.0	100.0
卡方检验		Pearson 卡方值 = 162.593，渐进 Sig.（双侧）= 0.000（1% 水平下显著）						

（二）培训参与的差异性

最近一年参加培训次数的调查结果显示，女性新生代农民工参加培训的次数略高于男性。具体而言，新生代农民工中，女性与男性最近一年没有参加培训的比例持平，均为43.6%，但女性参加两次及两次以上的比例分别为13.8%和15.0%，明显高于男性，反映出女性对培训投资的重视程度较高（见表2-26）。

表2-26　　　不同性别新生代农民工最近一年参加培训的情况

性别分类		参加培训				合计
		一次	两次	两次以上	没有	
男性	性别中的%	37.0	9.7	9.7	43.6	100.0
女性	性别中的%	27.6	13.8	15.0	43.6	100.0
卡方检验		Pearson 卡方值 = 11.227，渐进 Sig.（双侧）= 0.011（5% 水平下显著）				

京籍新生代农民工最近一年参加培训的情况略好于非京籍人员（见表2-27）。京籍人员最近一年没有参加培训的比例明显低于非京籍人员，而参加一次和两次培训的农民工比例分别为39.3%和13.6%，均高于非

京籍人员。京籍人员因北京地区更重视对农民工的培训，且投入较高而能获得更多的培训机会；并且，从样本分布看，京籍人员的文化程度相对高一些，其对知识的接受能力相对较强，对培训投资也更加重视。但是应该注意到，非京籍人员参加两次以上培训的比例略高于京籍人员，非京籍人员也开始关注培训投资的重要性。

表 2 - 27　　　　不同户籍新生代农民工最近一年参加培训的情况

户籍分类		参加培训				合计
		一次	两次	两次以上	没有	
京籍	户籍中的%	39.3	13.6	10.3	36.8	100.0
非京籍	户籍中的%	20.7	8.7	15.6	55.0	100.0
卡方检验		Pearson 卡方值 = 35.997，渐进 Sig.（双侧）= 0.000（1% 水平下显著）				

处于不同婚姻状态下的新生代农民工，其最近一年参加培训的情况也有明显差距（见表 2 - 28）。其中，已婚的农民工最近一年未参加培训的比例最高，为 48.3%；未婚和离异的农民工最近一年未参加培训的比例分别为 37.5% 和 23.1%；而丧偶的农民工最近一年都参加了培训；已婚、未婚和离异的农民工参加培训的频次，均以一次为主。这一结论与不同婚姻状况下新生代农民工获取职业资格证书的情况的调研结果基本一致，反映出新生代农民工参加培训的情况与获取职业资格证书的情况相一致。

表 2 - 28　　　不同婚姻状态下新生代农民工最近一年参加培训的情况

婚姻状态		参加培训				合计
		一次	两次	两次以上	没有	
已婚	婚姻状态中的%	29.6	10.4	11.7	48.3	100.0
未婚	婚姻状态中的%	36.8	12.7	13.0	37.5	100.0
离异	婚姻状态中的%	46.2	23.1	7.6	23.1	100.0
丧偶	婚姻状态中的%	50.0	25.0	25.0	0.0	100.0
卡方检验		Pearson 卡方值 = 18.179，渐进 Sig.（双侧）= 0.033（5% 水平下显著）				

文化程度不同,新生代农民工最近一年参加培训的情况也略有区别(见表 2 - 29)。本科及以上学历的新生代农民工参加培训的情况最好,仅有 28.0% 的农民工最近一年没有参加过培训,而且其参加两次以上培训的比例为 36.6%,远高于其他学历的农民工;其次是小学及以下学历的新生代农民工,最近一年未参加过培训的比例为 37.5%,尽管这一学历人群大多只参加了一次培训(43.8%),但参加两次以上培训的比例也达到12.5%;高中、大专、初中学历的新生代农民工最近一年的培训情况则较不理想,而且多以参加一次培训为主。可见,学历最高和最低的新生代农民工,均正确认识了培训投资的重要性,尽管两者的出发点存在一定差别,学历高的农民工看重的主要是培训带来的高收益回报率,希望通过培训显著增加未来的就业收益,而学历低的农民工则是因为在劳动力市场不具优势,希望通过培训增强自己的就业竞争力。

表 2 - 29　　不同文化程度的新生代农民工最近一年参加培训的情况

文化程度		参加培训				合计
		一次	两次	两次以上	没有	
小学及以下	文化程度中的%	43.8	6.2	12.5	37.5	100.0
初中	文化程度中的%	25.8	14.9	7.7	51.6	100.0
高中	文化程度中的%	39.4	10.8	9.2	40.6	100.0
大专	文化程度中的%	30.6	13.9	8.3	47.2	100.0
本科及以上	文化程度中的%	28.0	7.4	36.6	28.0	100.0
卡方检验		Pearson 卡方值 = 72.270,渐进 Sig.(双侧)= 0.000(5% 水平下显著)				

新生代农民工从事的单位类型不同,其最近一年参加培训的情况也有比较明显的区别(见表 2 - 30)。在其他单位从业的新生代农民工参加培训的情况最好,最近一年未参加培训的比例仅为 14.5%,而参加一次培训的比例高达 72.7%,进一步调查了解到,这类新生代农民工以务农为主,参加的多为再就业培训。其次是在事业单位工作的新生代农民工,其最近一年未参加培训的比例为 20.6%,参加两次以上培训的比例为 30.9%。在外资企业、国家机关、集体企业工作的新生代农民工培训参与情况也相对较好,分别有 50% 的外资企业和 43.5% 的集体企业的新生代农民工参

加了一次培训，国家机关中则有37.5%的新生代农民工参加了两次以上的培训。国有企业、私营企业、个体经济组织、自营等从业的新生代农民工参加培训的情况则较差，最近一年未参加培训的比例偏高。可见，在企业（除外资企业）工作的新生代农民工对培训的投入相比在国家机关和事业单位工作的新生代农民工要少，这主要与企业本身不够重视对新生代农民工的职业培训有一定关系。

表2－30　　　　就职不同单位类型的新生代农民工最近一年参加培训的情况

单位分类		参加培训				合计
		一次	两次	两次以上	没有	
国有企业	单位类型中的%	35.7	8.9	12.5	42.9	100.0
事业单位	单位类型中的%	26.5	22.0	30.9	20.6	100.0
国家机关	单位类型中的%	12.5	16.7	37.5	33.3	100.0
外资企业	单位类型中的%	50.0	11.4	6.8	31.8	100.0
私营企业	单位类型中的%	27.5	7.6	13.1	51.8	100.0
集体企业	单位类型中的%	43.5	21.7	0.0	34.8	100.0
个体经济	单位类型中的%	19.0	15.5	6.9	58.6	100.0
自营	单位类型中的%	37.5	14.1	6.3	42.1	100.0
其他	单位类型中的%	72.7	7.3	5.5	14.5	100.0
卡方检验	Pearson 卡方值＝132.247，渐进 Sig.（双侧）＝0.000（1%水平下显著）					

　　在建筑业、交通运输业、仓储和邮政业、批发和零售业工作的新生代农民工，其参加培训的情况相对较好，参加一次培训的比例分别是28.7%、33.1%和26.4%，其中在建筑业、交通运输业、仓储和邮政业工作的农民工参加两次以上培训的比例也相对较大。在制造业、住宿和餐饮业、居民服务、修理和其他服务业工作的新生代农民工参加培训的情况则较差（见表2－31）。这可能与不同行业对从业人员职业技能的要求不同有关，新生代农民工从事的行业技术含量越高，其参加培训的情况越好。

表 2 - 31　　　　　从事不同行业的新生代农民工最近一年参加培训的情况

行业分类		参加培训				合计
		一次	两次	两次以上	没有	
制造业	行业中的%	34.4	4.3	4.3	57.0	100.0
建筑业	行业中的%	28.7	17.0	11.7	42.6	100.0
交通运输业、仓储和邮政业	行业中的%	33.1	13.2	11.6	42.1	100.0
批发和零售业	行业中的%	26.4	18.6	9.9	45.1	100.0
住宿和餐饮业	行业中的%	27.3	14.1	2.0	56.6	100.0
居民服务、修理和其他服务业	行业中的%	28.1	9.4	12.5	50.0	100.0
其他	行业中的%	47.7	6.8	36.4	9.1	100.0
卡方检验	Pearson 卡方值 = 110.266，渐进 Sig.（双侧）= 0.000（1%水平下显著）					

就岗位类型来看，专业技术人员和管理人员参加培训的情况较好，其参加过培训的比例分为是 66% 和 61.3%，其中，36.9% 的专业技术人员最近一年参加了两次及两次以上的培训，40.3% 的管理人员最近一年参加了一次培训。其次是普通办事人员、商业人员和运输工人，均以参加一次培训为主。参加培训情况较差的是服务业人员、建筑工人和生产线工人。这进一步证实岗位类型中技术含量越高，新生代农民参加培训的积极性就越高（见表 2 - 32）。

表 2 - 32　　　　从事不同岗位类型新生代农民工最近一年参加培训的情况

岗位分类		参加培训				合计
		一次	两次	两次以上	没有	
管理人员	岗位类型中的%	40.3	9.7	11.3	38.7	100.0
专业技术人员	岗位类型中的%	29.1	21.4	15.5	34.0	100.0
普通办事人员	岗位类型中的%	31.0	13.8	10.3	44.9	100.0
商业人员	岗位类型中的%	27.7	12.8	12.8	46.7	100.0
运输工人	岗位类型中的%	40.5	11.9	7.1	40.5	100.0

续表

岗位分类		参加培训				合计
		一次	两次	两次以上	没有	
服务业人员	岗位类型中的%	23.9	13.7	5.3	57.3	100.0
建筑工人	岗位类型中的%	23.5	13.7	11.8	51.0	100.0
生产线工人	岗位类型中的%	46.3	0.0	1.9	51.8	100.0
其他	岗位类型中的%	45.9	4.1	39.2	10.8	100.0
卡方检验		Pearson 卡方值 = 124.805，渐进 Sig.（双侧）= 0.000（1% 水平下显著）				

（三）培训效果的差异性

不同性别的新生代农民工对培训效果的评价存在明显差别（见表 2-33）。总体来看，女性新生代农民工对培训效果的评价高于男性，其认为培训效果很好的比例为 33.7%，高于男性的 20.9%，而且认为培训效果不太好、不好和不确定的比例均低于男性。

表 2-33　　　　　　　不同性别新生代农民工的培训效果评价

性别分类		培训效果评价					合计
		很好	好	不太好	不好	不确定	
男性	性别中的%	20.9	59.7	13.1	1.0	5.3	100.0
女性	性别中的%	33.7	50.8	11.0	1.1	3.4	100.0
卡方检验		Pearson 卡方值 = 8.008，渐进 Sig.（双侧）= 0.091（10% 水平下显著）					

调查结果显示，非京籍新生代农民工对于培训效果的评价高于京籍人员（见表 2-34）。有 87.8% 的非京籍人员认为培训效果好和很好，但是认为培训效果很好的京籍人群又多于非京籍人群。这可能与不同户籍新生代农民工参加的培训内容有关系，京籍新生代农民工由于参加培训的机会较多，对培训的要求也相对较高，对于高质量培训的效果评价会比较认可。

表 2 – 34　　　　　　　　不同户籍新生代农民工的培训效果评价

户籍分类		培训效果评价					合计
		很好	好	不太好	不好	不确定	
京籍	户籍中的%	31.6	48.7	14.2	0.7	4.8	100.0
非京籍	户籍中的%	18.9	68.9	7.5	1.9	2.8	100.0
卡方检验		Pearson 卡方值 = 14.519，渐进 Sig.（双侧）= 0.006（1% 水平下显著）					

　　本科及以上学历的新生代农民工对于培训的效果评价最高。具体来看，本科及以上学历的新生代农民工认为培训效果好和很好的比例高达93.8%，而大专、高中、初中和小学及以下学历的新生代农民工对于培训效果的评价趋于一致，认为好和很好的比例分别为81.8%、78%、81.6%和80%（见表 2 – 35）。这说明本科及以上学历的新生代农民工具有较强的学习和接受新知识的能力，更容易理解和掌握培训内容，对培训效果的评价也较高。

表 2 – 35　　　　　　　不同文化程度新生代农民工的培训效果评价

文化程度		培训效果评价					合计
		很好	好	不太好	不好	不确定	
小学及以下	文化程度中的%	20.0	60.0	0.0	10.0	10.0	100.0
初中	文化程度中的%	27.6	54.0	12.6	1.1	4.7	100.0
高中	文化程度中的%	20.6	57.4	14.2	1.4	6.4	100.0
大专	文化程度中的%	27.3	54.5	15.6	0.0	2.6	100.0
本科及以上	文化程度中的%	44.6	49.2	4.6	0.0	1.6	100.0
卡方检验		Pearson 卡方值 = 28.651，渐进 Sig.（双侧）= 0.026（5% 水平下显著）					

　　从新生代农民工就业的单位类型来看，在国有企业、事业单位和国家机关工作的新生代农民工对培训效果的评价较高，其认为培训效果好和很好的比例分别为88.4%、88.4%和86.7%（见表 2 – 36）。在外资企业、私营企业、集体企业、个体经济组织工作的新生代农民工对培训效果的评价相对较低，处于自营状态的新生代农民工对培训效果的评价则最低。与

前文的分析结果相比较不难发现，培训参与度越低的单位，新生代农民工对培训效果的评价越低。

表 2 - 36　　　　　不同单位类型的新生代农民工的培训效果评价

单位分类		培训效果评价					合计
		很好	好	不太好	不好	不确定	
国有企业	单位类型中的%	26.9	61.5	11.6	0.0	0.0	100.0
事业单位	单位类型中的%	44.2	44.2	11.6	0.0	0.0	100.0
国家机关	单位类型中的%	20.0	66.7	0.0	0.0	13.3	100.0
外资企业	单位类型中的%	10.3	69.0	10.3	0.0	10.4	100.0
私营企业	单位类型中的%	15.7	66.7	13.0	1.9	2.7	100.0
集体企业	单位类型中的%	30.8	46.2	23.0	0.0	0.0	100.0
个体经济	单位类型中的%	16.7	57.4	20.4	1.9	3.6	100.0
自营	单位类型中的%	23.5	38.2	14.7	3.0	20.6	100.0
其他	单位类型中的%	60.0	37.8	2.2	0.0	0.0	100.0
卡方检验		Pearson 卡方值 = 89.567，渐进 Sig.（双侧）= 0.000（1% 水平下显著）					

在不同行业就业的新生代农民工对培训效果的评价存在明显差异（见表 2 - 37）。其中，从事建筑业的新生代农民工对培训效果评价最高，认为培训效果好和很好的比例高达 90.2%；其次是从事交通运输业、仓储和邮政业的新生代农民工，其认为培训效果好和很好的比例为 84.4%；从事制造业、住宿和餐饮业的新生代农民工认为培训效果好和很好的比例分别为 77.1% 和 77.5%；从事批发和零售业、居民服务、修理和其他服务业的新生代农民工对培训效果的评价相对较低，这同样与不同行业新生代农民工的培训参与度有关。

表 2 - 37　　　　　不同行业新生代农民工的培训效果评价

行业分类		培训效果评价					合计
		很好	好	不太好	不好	不确定	
制造业	行业中的%	31.4	45.7	17.1	5.8	0.0	100.0
建筑业	行业中的%	25.5	64.7	7.8	0.0	2.0	100.0

行业分类		培训效果评价					合计
		很好	好	不太好	不好	不确定	
交通运输业、仓储和邮政业	行业中的%	26.6	57.8	9.4	1.6	4.6	100.0
批发和零售业	行业中的%	9.6	57.7	21.2	0.0	11.5	100.0
住宿和餐饮业	行业中的%	17.5	60.0	15.0	2.5	5.0	100.0
居民服务、修理和其他服务业	行业中的%	8.5	59.6	23.4	0.0	8.5	100.0
其他	行业中的%	51.3	46.3	1.3	0.0	1.1	100.0
卡方检验		Pearson 卡方值 = 74.246，渐进 Sig.（双侧）= 0.000（1% 水平下显著）					

从事不同岗位类型的新生代农民工对培训效果的评价也有区别（见表 2 – 38）。其中，建筑工人对培训效果的评价最高，认为培训效果好和很好的比例高达 95.9%；商业人员、专业技术人员、普通办事人员、生产线工人、管理人员对培训效果的评价基本接近，认为培训效果好和很好的比例分别为 88%、86.2%、83.4%、81.5% 和 80%；运输工人和服务业人员对于培训效果的评价最差。

表 2 – 38　　　从事不同岗位类型的新生代农民工的培训效果评价

岗位分类		培训效果评价					合计
		很好	好	不太好	不好	不确定	
管理人员	岗位类型中的%	17.1	62.9	14.3	0.0	5.7	100.0
专业技术人员	岗位类型中的%	31.0	55.2	12.1	1.7	0.0	100.0
普通办事人员	岗位类型中的%	6.7	76.7	3.3	0.0	13.3	100.0
商业人员	岗位类型中的%	4.0	84.0	4.0	0.0	8.0	100.0
运输工人	岗位类型中的%	28.0	48.0	20.0	4.0	0.0	100.0
服务业人员	岗位类型中的%	16.5	49.4	26.6	0.0	7.5	100.0
建筑工人	岗位类型中的%	29.2	66.7	0.0	0.0	4.1	100.0
生产线工人	岗位类型中的%	25.9	55.6	11.1	7.4	0.0	100.0

续表

岗位分类		培训效果评价					合计
		很好	好	不太好	不好	不确定	
其他	岗位类型中的%	57.6	39.4	1.5	0.0	1.5	100.0
卡方检验		Pearson 卡方值 = 105.475，渐进 Sig.（双侧）= 0.000（1% 水平下显著）					

三、健康投资的差异性

（一）健康状况的差异性

从调查结果可以看出，90 后身体状况良好的比例为 93.5%，明显高于 80 后 84.8% 的比例，这说明新生代农民工的健康水平随着年龄的增加而逐渐降低。考虑到身体、压力等因素，年龄越大者面临的精神健康疾病也可能会更加突出（见表 2 - 39）。

表 2 - 39　　　　　　不同年龄代际新生代农民工的健康状况

年龄分类		健康状况			合计
		良好	一般	较差	
80 后	出生年代中的%	84.8	14.7	0.5	100.0
90 后	出生年代中的%	93.5	6.5	0.0	100.0
卡方检验		Pearson 卡方值 = 6.782，渐进 Sig.（双侧）= 0.034（5% 水平下显著）			

比较不同婚姻状态下的新生代农民工的健康状况发现：未婚的新生代农民工，其身体状况良好的比例最高，为 90.8%；其次是已婚人群，身体状况良好的比例为 84.9%；离异和丧偶的新生代农民工，其身体状况则相对较差（见表 2 - 40）。这一方面体现了年龄因素对健康的影响，未婚的新生代农民工总体比其他婚姻状态的农民工年轻；另一方面可能与离异和丧偶人群由于缺少家庭的关怀和陪伴更容易养成不健康的饮食习惯和生活方式有关。

表 2 – 40　　　　　　　不同婚姻状态下新生代农民工的健康状况

婚姻状态		健康状况			合计
		良好	一般	较差	
已婚	婚姻状态中的%	84.9	14.6	0.5	100.0
未婚	婚姻状态中的%	90.8	9.2	0.0	100.0
离异	婚姻状态中的%	73.9	26.1	0.0	100.0
丧偶	婚姻状态中的%	75.0	0.0	25.0	100.0
卡方检验		Pearson 卡方值 = 62.591，渐进 Sig.（双侧）= 0.000（1%水平下显著）			

不同文化程度的新生代农民工的健康状况存在差异（见表 2 – 41）。其中，本科及以上学历的新生代农民工的健康状况最好，身体良好的比例为 89.9%；其次是高中学历的新生代农民工，身体状况良好的比例为 87.9%；初中学历的新生代农民工身体状况良好的比例为 86.2%；大专学历的新生代农民工的这一比例为 84.2%；小学及以下学历的新生代农民工的身体最差，良好比例仅为 66.7%。这一方面说明良好的教育有利于养成健康的生活方式，促进个人降低健康资本的折旧率，实现健康人力资本的积累；另一方面说明较高的教育水平很大程度上意味着拥有相对较好的工作环境，进而降低由于工作环境恶劣、劳动强度过大等因素对农民工健康造成的直接影响。

表 2 – 41　　　　　　不同文化程度的新生代农民工的健康状况

文化程度		健康状况			合计
		良好	一般	较差	
小学及以下	文化程度中的%	66.7	26.7	6.6	100.0
初中	文化程度中的%	86.2	13.8	0.0	100.0
高中	文化程度中的%	87.9	12.1	0.0	100.0
大专	文化程度中的%	84.2	14.4	1.4	100.0
本科及以上	文化程度中的%	89.9	10.1	0.0	100.0
卡方检验		Pearson 卡方值 = 22.159，渐进 Sig.（双侧）= 0.005（1%水平下显著）			

就职的单位性质不同，新生代农民工所表现出的健康状况也不同（见表2-42）。在事业单位工作的新生代农民工的身体状况良好的比例最高，为92.4%；在私营企业、集体企业、国有企业、外资企业、个体经济组织、国家机关工作的新生代农民工的身体状况基本一致，均有85%以上的人员身体状况良好；而自营人员的身体状况明显较差，这可能与其工作和生活压力大有关。

表2-42 　　　　　　　不同单位性质的新生代农民工的健康状况

单位分类		健康状况			合计
		良好	一般	较差	
国有企业	单位性质中的%	87.3	12.7	0.0	100.0
事业单位	单位性质中的%	92.4	6.1	1.5	100.0
国家机关	单位性质中的%	85.0	15.0	0.0	100.0
外资企业	单位性质中的%	86.4	13.6	0.0	100.0
私营企业	单位性质中的%	88.3	11.7	0.0	100.0
集体企业	单位性质中的%	87.5	6.3	6.2	100.0
个体经济	单位性质中的%	85.1	14.9	0.0	100.0
自营	单位性质中的%	77.2	21.1	1.7	100.0
其他	单位性质中的%	82.4	17.6	0.0	100.0
卡方检验		Pearson 卡方值 = 26.123，渐进 Sig.（双侧）= 0.052（10%水平下显著）			

（二）体检情况的差异性

京籍新生代农民工比非京籍人员更重视体检（见表2-43）。其中，被调查者中，有64.4%的京籍新生代农民工能做到平均一年体检一次，甚至有15.1%的京籍新生代农民工做到了平均一年体检两次，均高于非京籍的新生代农民工。这一方面说明京籍人员的健康意识高于非京籍人员，另一方面可能与京籍人员可以比较便利地享受当地社区的健康卫生服务供给有关。

表 2 – 43　　　　　　　不同户籍新生代农民工的体检情况

户籍分类		体检情况					合计
		1 年 2 次	1 年 1 次	2 年 1 次	更长时间 1 次	从未	
京籍	户籍中的%	15.1	64.4	7.2	4.6	8.7	100.0
非京籍	户籍中的%	8.9	56.4	7.6	12.7	14.4	100.0
卡方检验		Pearson 卡方值 = 24.121，渐进 Sig.（双侧）= 0.000（1% 水平下显著）					

80 后新生代农民工体检情况略好于 90 后（见表 2 – 44）。其中，80 后新生代农民工一年体检 1~2 次的比例为 75.6%，高于 90 后新生代农民工。80 后新生代农民工因为年龄增长而对自身的健康状况更加关注。

表 2 – 44　　　　　　不同年龄代际新生代农民工的体检情况

年龄分类		体检情况					合计
		1 年 2 次	1 年 1 次	2 年 1 次	更长时间 1 次	从未	
80 后	出生年代中的%	12.6	63.0	8.2	5.8	10.4	100.0
90 后	出生年代中的%	13.2	56.2	4.1	14.9	11.6	100.0
卡方检验		Pearson 卡方值 = 14.105，渐进 Sig.（双侧）= 0.007（1% 水平下显著）					

调查结果显示，小学及以下学历、初中、高中、大专、本科及以上新生代农民工平均一年体检一次的比例逐渐上升，依次为 45.5%、56%、60.2%、63% 和 76.7%（见表 2 – 45）。这说明随着文化程度的提高，新生代农民工的健康和保健意识逐渐增强，并重视每年的健康体检。

表 2 – 45　　　　　　不同文化程度新生代农民工的体检情况

文化程度		体检情况					合计
		1 年 2 次	1 年 1 次	2 年 1 次	更长时间 1 次	从未	
小学及以下	文化程度中的%	9.1	45.5	9.1	9.1	27.2	100.0

文化程度		体检情况					合计
		1年2次	1年1次	2年1次	更长时间1次	从未	
初中	文化程度中的%	9.3	56.0	7.7	11.5	15.5	100.0
高中	文化程度中的%	14.7	60.2	9.1	7.4	8.6	100.0
大专	文化程度中的%	13.0	63.0	5.1	5.9	13.0	100.0
本科及以上	文化程度中的%	13.3	76.7	6.7	2.2	1.1	100.0
卡方检验		Pearson 卡方值 = 33.036，渐进 Sig.（双侧）= 0.007（1% 水平下显著）					

体检被大多数单位作为入职条件和员工福利的重要形式。在不同类型单位工作的新生代农民工都能平均一年体检一次。其中，国有企业、国家机关、事业单位、集体企业和外资企业因为比较规范，在其单位工作的新生代农民工的体检情况相对较好，大多为一年一次，有些甚至一年体检两次，而个体经济组织和自营人员的体检情况则略差（见表2-46）。

表2-46　　　　　　不同单位类型的新生代农民工的体检情况

单位分类		体检情况					合计
		1年2次	1年1次	2年1次	更长时间1次	从未	
国有企业	单位类型中的%	20.0	69.1	5.5	3.6	1.8	100.0
事业单位	单位类型中的%	8.5	69.5	10.2	8.5	3.3	100.0
国家机关	单位类型中的%	14.3	52.4	14.3	14.3	4.7	100.0
外资企业	单位类型中的%	22.8	65.9	4.5	0.0	6.8	100.0
私营企业	单位类型中的%	9.6	67.4	6.0	7.0	10.0	100.0
集体企业	单位类型中的%	16.7	72.2	0.0	0.0	11.1	100.0
个体经济	单位类型中的%	8.0	48.2	9.8	17.9	16.1	100.0
自营	单位类型中的%	10.5	56.1	8.8	5.3	19.3	100.0
其他	单位类型中的%	31.9	42.6	6.4	0.0	19.1	100.0
卡方检验		Pearson 卡方值 = 83.778，渐进 Sig.（双侧）= 0.000（1% 水平下显著）					

从不同行业新生代农民工的体检情况来看，从事制造业、交通运输业、仓储和邮政业、建筑业、批发和零售业的新生代农民工的体检情况较好，从未体检的人员比例相对较低，均低于10%，而且大多数能做到平均一年体检一次。而从事住宿和餐饮业、居民服务、修理和其他服务业的新生代农民工的体检情况相对较差，从未体检的人员超过了15%（见表2－47）。

表2－47 不同行业新生代农民工的体检情况

行业分类		体检情况					合计
		1年2次	1年1次	2年1次	更长时间1次	从未	
制造业	行业中的%	16.5	59.3	11.0	7.7	5.5	100.0
建筑业	行业中的%	14.5	51.8	13.3	12.0	8.4	100.0
交通运输业、仓储和邮政业	行业中的%	12.8	70.6	7.3	1.8	7.5	100.0
批发和零售业	行业中的%	16.1	60.9	8.0	5.7	9.3	100.0
住宿和餐饮业	行业中的%	9.7	63.4	4.3	7.5	15.1	100.0
居民服务、修理和其他服务业	行业中的%	8.2	54.1	5.1	17.3	15.3	100.0
其他	行业中的%	11.9	66.7	4.8	1.1	15.5	100.0
卡方检验		Pearson 卡方值 = 49.767，渐进 Sig.（双侧）= 0.002（1%水平下显著）					

从不同岗位类型的新生代农民工的体检情况来看，管理人员和运输工人的体检情况最好，未参加体检人数的比例最低，分别为1.9%和2.7%，而且平均一年一次体检的比例最高，达到71.7%和78.4%。其次是商业人员、专业技术人员，从未参加体检人数的比例分别为4.3%和6.3%，其中专业技术人员平均一年参加两次体检的比例最高，为17.7%。普通办事人员从未参加体检人数的比例为9.3%。服务业人员、建筑工人和生产线工人从未参加体检的比例较高，分别为16.3%、15.2%和15.1%（见表2－48）。新生代农民工所处的岗位类型层级影响了他们参加体检的概率和对体检的重视程度。

表 2 − 48 不同岗位类型的新生代农民工的体检情况

岗位分类		体检情况					合计
		1 年 2 次	1 年 1 次	2 年 1 次	更长时间 1 次	从未	
管理人员	岗位类型中的%	15.1	71.7	7.5	3.8	1.9	100.0
专业技术人员	岗位类型中的%	17.7	59.4	11.5	5.1	6.3	100.0
普通办事人员	岗位类型中的%	11.0	59.3	11.1	9.3	9.3	100.0
商业人员	岗位类型中的%	13.0	63.0	15.4	4.3	4.3	100.0
运输工人	岗位类型中的%	8.1	78.4	2.7	8.1	2.7	100.0
服务业人员	岗位类型中的%	8.9	60.0	4.3	10.5	16.3	100.0
建筑工人	岗位类型中的%	17.4	39.1	13.0	15.3	15.2	100.0
生产线工人	岗位类型中的%	18.9	54.7	5.7	5.6	15.1	100.0
其他	岗位类型中的%	12.5	68.1	4.2	2.7	12.5	100.0
卡方检验		Pearson 卡方值 = 56.045，渐进 Sig.（双侧）= 0.005（1% 水平下显著）					

第三章

北京地区新生代农民工
人力资本投资需求

从北京地区新生代农民工的人力资本投资情况来看，虽然在某些方面较老一代农民工有明显改善，但人力资本存量还严重不足，难以适应北京四个功能定位下产业结构调整和转型升级的需要。尽管政府和各组织机构为提高新生代农民工的人力资本存量、帮助农民工实现高质量的就业，在继续教育、职业培训、健康保健和劳动力转移就业方面做出了很多努力，提供了大量资源，但新生代农民工参与人力资本投资的积极性和主动性并不乐观。为了探究导致这一局面的原因，本研究深入细致地调查了新生代农民工的人力资本投资需求，特别是培训需求，旨在从人力资本投资供需匹配的角度进行分析，了解和掌握新生代农民工的人力资本投资需求，为制订和实施更为有效的人力资本投资计划提供依据。

第一节　新生代农民工的教育投资需求

个人教育投资需求是指个人出于投资教育将使其增进知识技能，进而在未来取得较高的社会地位和获得较高收入的目的而产生的对教育有支付能力的需要[①]。教育投资行为的产生基于个人或家庭对教育的需要和投资动机的推动。根据马斯洛的个人教育需要理论，个人和家庭在某个特定阶段产生的对于接受教育的迫切需要是个人或家庭产生教育投资动机的必要条件。这种需要的萌发一方面基于对未来的收益预期，另一方面也与个人

---

① 刘峰，杨秀芹. 个人教育投资需求不足的经济学分析 [J]. 教书育人，2014 (5)：10–11.

或家庭对该项投资的认识水平、社会观念、家庭态度与传统等多种非经济因素有关。

从现实情况来看，我国教育投资收益开始出现明显的断裂和错位。随着教育与就业的不确定性，教育投资的风险性逐渐增大，教育投资呈现出边际收益递减的规律，与此同时，投资教育的成本出现了大幅增加，如高等教育学费的快速增长已经远远超过了人均 GDP 的增长速度，这意味着投资教育的成本增长超过了可支配收入的增长，从而导致家庭的学费负担越来越重，加上教育投资风险的客观存在，严重抑制了个人或家庭的教育投资动机。同时，教育投资时间与收益的错位也是抑制个人或家庭教育投资积极性的重要原因。一般来讲，个人或家庭投资教育后的直接收益要在受益主体参与社会经济活动后才开始产生，教育投资的收益存在滞后性。由于每个家庭用于教育投资的资本有限，一旦做出教育投资决策就有可能占用家庭的其他可能投资，也可能让家庭背负沉重的债务，导致有些农民家庭不仅无法承受子女的高等教育费用，甚至连基础教育费用也无法负担，在一定程度上挫伤了个人或家庭投资教育的积极性。这也可以解释虽然新生代农民工的文化水平高于老一代农民工，但是具有大专及以上高学历者占比较少的原因。此外，北京地区的总体经济发展水平较高，教育资源相对丰富，京籍农民家庭对于教育的重视程度也高于非京籍家庭，因此出现了京籍新生代农民工的学历普遍高于非京籍新生代农民工的现象。

新生代农民工走向社会以后，由于个人素质较低，职业技能缺乏，使得他们难以适应产业结构优化转移、经济步入新常态以及供给侧改革的环境，也难以融入北京地区的城市生活，因此必然会催生新生代农民工对继续教育的新需求。继续教育是指已参加工作和负有成人责任的人所接受的各种各样的教育，是对劳动者进行知识更新、补充、拓展和能力提高的一种较高层次的追加教育，主要包括各种学历和非学历的教育与培训，以及职业导向和非职业导向的教育和培训①。

对于新生代农民工来说，在教育投资方面，职业教育更加符合他们的实际情况和需求，所以这里的教育投资需求专指新生代农民工参加职业教育的需求。

一方面，北京地区产业结构转移升级与调整，对劳动者的综合素质要求越来越高，然而绝大部分来京务工的新生代农民工在这一进程中还没有

---

① 张海峰. 返乡创业大潮下农民工继续教育需求再思考［J］. 阿坝师范学院学报，2017，34（1）：43-46.

做好知识及技能的储备，因而在就业市场的激烈竞争中始终处于劣势地位，需要通过职业教育来改变他们的能力素质与就业现状。调查发现，有65%的人认为"外出打工遇到的首要困难"是"没有技术和文化偏低"，52%的人认为外出打工"最担心"的问题是"知识技能水平跟不上"。另一方面，新生代农民工的庞大体量客观决定了职业教育投资需求较大①。

针对新生代农民工教育投资需求的调查结果显示，大多数新生代农民工表示对职业教育投资是有需求的（见表3-1）。调查对象中有82.6%的新生代农民工表示有教育投资需求，5.4%的新生代农民工表示没有职业教育投资的需求，还有12.0%的新生代农民工表示不确定。

表3-1　　　　　　新生代农民工的职业教育投资需求　　　　　单位：%

投资意愿	有效	累积
有需求	82.6	82.6
没需求	5.4	88.0
不确定	12.0	100.0
合计	100.0	—

从新生代农民工的生存取向和地位取向来看，在土地城镇化以及产业转型背景下，农民工被迫型与主动型职业转换同时存在。被迫的职业转换并没有达到农民工心理预期，相应的职业转换期望以及行为动机应运而生。对于多数新生代农民工而言，由于存在市民化愿望的内在需求，他们希望在城市就业市场上频繁流动以追求新的就业岗位或者岗位提升。职业转换行为本身就是生存环境、社会地位变化的过程，其间职业教育的促进价值显然不可小觑②，职业教育的功能与价值已被新生代农民工所认知。职业流动与学历、收入、知识技能积累是密切相关的③，对于低学历或低技能的劳动者，职业流动是提高收入的最重要途径，而低收入者又往往通过提升职业转换的资本（如人力资本）以实现向上的职业流动，获得一定

① 俞林，许敏，赵袁军. 新型城镇化进程中新生代农民工职业教育消费意愿驱动研究 [J]. 成人教育，2017，37（8）：66-70.
② 印建兵，杨光，谢国萍，蒋红华. 新生代农民工职业转换与职业教育研究评述与展望 [J]. 成人教育，2019，39（4）：46-50.
③ 吴愈晓. 劳动力市场分割、职业流动与城市劳动者经济地位获得的二元路径模式 [J]. 中国社会科学，2011（1）：119-137，222-223.

的经济、社会地位，职业教育在其中将起到至关重要的作用。

从文化程度上来讲，一方面，相对于文化程度较低的新生代农民工而言，文化程度较高的新生代农民工对于新事物、新观念更容易接受，相应地有较强的职业教育培训需求。另一方面，文化程度较高的新生代农民工掌握新知识、新技术的实际能力较强，花费的时间较短，更容易在实际工作中得到应用。可见，文化程度是影响新生代农民工职业教育培训需求的重要因素。从婚姻状况上来讲，婚姻状况会影响新生代农民工对工作稳定性的追求态度①。一方面，对于已婚的新生代农民工而言，他们需要承担更多的家庭责任，对工作稳定性预期较高、需求较强烈，属于风险规避型人群，不愿意投入更多的精力进行人力资本的投资。另一方面，对于未婚的新生代农民工而言，家庭顾虑较少，离职成本较低，工作流动性较强，通过职业教育培训提升自身的需求较为强烈。从有无子女上来讲，没有子女的新生代农民工比已有子女的新生代农民工具有更强烈的培训需求②。家族观念在中国农村根深蒂固，子女的抚养和教育是振兴家族与延续香火的头等大事。无论家庭经济状况如何，已有子女的新生代农民工均会对子女投入大量精力，加之兼顾繁重的工作任务，一般难有时间和金钱投入职业教育培训中去。从工作年限上来讲，一方面，工作年限较短的新生代农民工具有更强的流动性、更低的离职成本、更大的上升空间，其改变现状、提高收入的需求也更强烈。另一方面，由于工作年限较短，导致其工作经验不足，接受职业教育培训的意愿更强烈，更需要选择实地操作学习形式。从工作收入上来讲，收入较低的新生代农民工通常面临着工作条件较差、生活质量较低的情况，对现有的工作和生活状态满意度不高，通过职业教育培训改变现状的需求较为强烈。目前我国针对农民工的职业教育培训工作采用"政府主导、多方配合"的模式，不收费或低收费的公益性职业教育培训较多，这就为低收入新生代农民工接受职业教育培训提供了可能。

第二节　新生代农民工的培训投资需求

新生代农民工由于客观或主观上的原因，接受学校教育的年限较短且

① 吴新慧. 传统与现代之间——新生代农民工的恋爱与婚姻 [J]. 中国青年研究，2011 (1)：15－18，77.
② 张晔林，应瑞瑶. 农民工培训机制探讨 [J]. 经济纵横，2008 (7)：48－50.

质量不高，但鉴于农民工自身的知识储备不足，且继续进行系统学历教育的意愿不强等原因，让他们接受年限较长的学历教育不太现实。而在京就业的过程中，新生代农民工逐渐意识到知识、技能的重要性，会产生一种"学历补偿"心理，从而自然地选择在工作之余进行文化、技术、知识等方面的"充电"，因此对职业培训投资的需求较高。

职业培训不仅可以增强新生代农民工的职业道德观念、岗位意识、竞争意识和责任感，更有利于培养新生代农民工胜任各种职业所需的技能，为实现农民工更加体面地就业增加重要砝码。另外，由职业培训给新生代农民工在思想观念、文化素质和技术能力等方面带来的变化也有助于其逐渐适应现代城市的文化与生活方式，促进与城市居民、城市文明的融合，最终实现市民化。这恰恰与新生代农民工在城市就业过程中更关注自身的发展与价值的实现，并渴望融入城市生活的要求一致，于是更进一步刺激了他们对职业培训投资的需求。

由于培训是农民工人力资本投资的重要方面，是提高农民工综合素质、增强农民工自我发展能力的主要途径，对宏观经济增长、城乡一体化发展和农民工增收具有不可替代的作用，因此也普遍受到政府和各级组织的重视。自 2003 年以来，农民工培训的问题就进入了政府的视野，国家出台了一系列的政策来支持农民工的职业培训。但多年来，政府通过项目或工程带动的农民工培训，用人单位自己组织的培训，或其他社会组织提供的培训，实施的效果并不理想。主要原因是：新生代农民工由于受到城市生活的熏陶，他们的培训投资意识更加理性化，会结合对培训投资收益率的评估做出培训决策，如果没有基于其对职业培训的真正需求开展培训项目，让新生代农民工获得真正的收益，很难获得他们的认同。

心理学研究表明，学习动机的强弱与学习者的培训需求密切相关。尽管培训需求具有较强的主观性，但是与培训资源的可获得性、学习者的就业状态息息相关。为了充分发挥职业培训促进就业的作用，进一步激发新生代农民工参加职业培训的意愿，有必要深入了解新生代农民工的真实培训需求。根据问卷调查结果，新生代农民工的培训投资需求具体表现如下。

一、新生代农民工培训投资需求的目标来源

通过本研究的调查发现，工作需要、获取职业资格证书和提升技能是新生代农民工参加培训的主要目的（见表 3 - 2）。在问及"新生代农民工

参与培训的最主要目的"时，40.4%的被调查者选择了工作需要，其次是获取职业资格证书，30.5%的被调查者选择了这一项，这与老一代农民工略有区别，老一代农民工参与培训的首要目的是获取职业资格证书，其次才是工作需要。究其原因，新一代农民工刚走上工作岗位不久，满足工作需要是其当前面临的首要任务，随着对工作的适应性增强，未来才开始考虑职业资格证书的获取，这也与前面关于新生代农民工职业资格证书的获取比例偏低的结果相一致。在问及"新生代农民工参与培训的第二目的"时，选择提升技能和工作需要的人数最多，分别为29.2%和26.1%。在问及"新生代农民工参与培训的第三目的"时，增加收入和提升技能仍然占有优势地位，分别为19.5%和18.8%。

由此可见，工作需要、获取职业资格证书和提升技能是新生代农民工参加培训的主要目的。这意味着一旦新生代农民工参加的培训不能很好地满足这三个目的，就可能会显著影响其参加培训的积极性。

表 3 - 2　　　　　　　　新生代农民工参加培训的主要目的　　　　　　单位：%

参加培训目的	新生代			老一代		
	第一	第二	第三	第一	第二	第三
A. 获取职业资格证书	30.5	6.1	11.9	35.7	8.6	8.3
B. 工作需要	40.4	26.1	8.8	24.6	19.3	4.3
C. 兴趣爱好	3.4	7.8	5.4	5.8	7.7	5.6
D. 增加收入	4.2	9.8	19.5	8.7	17.5	24.0
E. 知识更新	8.5	9.5	14.6	6.1	9.6	5.6
F. 人际交往	1.4	4.4	3.1	1.6	3.9	2.9
G. 提升技能	6.2	29.2	18.8	8.2	18.3	24.0
H. 找更好的工作	2.0	3.7	10.7	3.4	9.2	12.8
I. 创业	1.7	1.4	5.4	3.4	2.6	6.1
J. 更好地在城市立足	1.1	2.0	1.9	1.6	2.9	4.5
K. 其他	0.6	0	0	0.7	0.4	2.0
合计	100.0	100.0	100.0	100.0	100.0	100.0

二、新生代农民工培训投资的内容倾向

调查结果显示：北京地区新生代农民工更倾向于参加职业知识和技能

的培训，累计占比达 63.2%；其次是创业知识，累计占比为 30.4%；法律维权知识和文化知识的累计占比则分别是 25.8% 和 22.0%；安全卫生知识、心理健康知识和城市生活知识的累计占比则相对较低（见表 3-3）。这说明新生代农民工在选择培训内容时还是更注重实用性。职业技能培训因为在提升就业能力和岗位胜任力方面的重要作用而获得了新生代农民工的格外重视，尤其是在知识和技能逐渐代替简单体力劳动的背景下，新生代农民工迫切需要转化为技术型劳动力，接受职业技能培训成为其提高自身劳动素质和工作效率，从而获得较高收入的一个重要手段。而且从农民工实际接受职业技能培训的情况来看，职业知识和技能也为用人单位所重视。

同时，新生代农民工也表现出强烈的创业意愿，特别是返乡创业可能会成为许多新生代农民工的就业选择。自 2008 年起，我国陆续出台了一系列政策文件，旨在鼓励农民工返乡创业，取得了较明显的成效。目前，农民工返乡创业已成为推进我国地区经济结构调整、改善经济环境以及以创业带动就业和消除贫困的重要途径。根据人力资源和社会保障部的监测，2017 年第四季度返乡的农民工中有 10.9% 的人员选择了创业，截至 2017 年底，返乡创业的农民工人数累计已超过 700 万，且以两位数迅速增长①。随着农民工返乡创业规模的不断扩大，创业也成为他们重视的培训内容之一。

另外，以安全卫生知识、心理健康知识和城市生活知识为内容的培训多属于引导性培训，可以帮助新生代农民工更加顺利、通畅地进入城市。虽然被重视的程度相对低一些，但也体现了新生代农民工的现实培训需求。

表 3-3　　　　　　　　　新生代农民工最希望参加的培训　　　　　　单位：%

最希望参加的培训	响应	个案
A. 职业知识与技能	35.4	63.2
B. 法律维权知识	14.5	25.8
C. 安全卫生知识	7.5	13.3
D. 文化知识	12.3	22.0

① 中国超过 700 万农民工返乡创业，政府出台新政策攻破融资难 . [EB/OL]. (2018-01-09). http://news.163.com/18/0119/18/D8HJA1QI00018AOQ.html.

续表

最希望参加的培训	响应	个案
E. 创业知识	17.1	30.4
F. 城市生活知识	4.7	8.4
G. 心理健康知识	7.8	13.9
H. 其他	0.7	1.3
合计	100.0	178.4

受所从事行业与岗位类型的影响，新生代农民工最希望学习的职业技能表现出多元化和个性化特征（见表3-4）。选择企业管理培训的累计占比最高，为25.9%；然后是车辆驾驶、营销、机械操作、财会和美容美发，累计占比依次为16.9%、14.5%、14.1%、12.4%和11.9%；选择保安、特种焊接、钳工、建筑、旅游、商贸服务等技能的比例较低。管理能力对于新生代农民工，尤其是有事业心、追求上进的新生代农民工的职业发展而言十分重要，越来越多的新生代农民工希望能够学习企业管理知识，期望实现岗位的转换和提升，在职业发展和个体收入方面有所改善。新生代农民工从事的多是操作性岗位，需要的技能非常具体，他们在选择培训技能项目时，主要受两方面因素的影响。一是受北京社会经济发展需要的影响，需求量越大的岗位，找工作越容易，工资收入水平也越高，如营销岗位，一直位于管理类人才需求的榜首，且从业的门槛较低；二是受自身的经验、受教育状况、所处行业、岗位特征等因素的影响。另外，新生代农民工对职业技能学习的需求也反映出了他们对职业选择的偏好。他们希望在自身能力足够的情况下，选择那些能够让他们未来从事更为体面、收入更高的工作的职业技能进行学习。

表3-4　　　　　　　　新生代农民工最希望学习的职业技能　　　　单位：%

最希望学习的职业技能	响应	个案
A. 企业管理	13.1	25.9
B. 机械操作	7.1	14.1
C. 车辆驾驶	8.5	16.9
D. 建筑	3.2	6.4
E. 厨师	3.5	7.0

续表

最希望学习的职业技能	响应	个案
F. 家电维修	3.9	7.8
G. 电工	4.7	9.2
H. 钳工	2.4	4.8
I. 特种焊接	1.8	3.5
J. 保安	0.9	1.7
K. 养老护理	3.2	6.4
L. 医疗护理	4.3	8.6
M. 家政服务	3.7	7.3
N. 美容美发	6.0	11.9
O. 电子通信	4.5	8.9
P. 服装裁剪	3.4	6.7
Q. 商贸服务	3.1	6.0
R. 财会	6.3	12.4
S. 旅游	3.1	6.2
T. 营销	7.3	14.5
U. 文秘	3.1	6.2
V. 其他	2.8	5.6
合计	100.0	197.9

在考取相应的职业资格证书方面,大部分新生代农民工培训后愿意参加职业资格考试并取得相应证书(见表3-5)。在被问及"对培训后,参加职业资格考试并取得相应证书的态度"时,74.4%的被调查者选择了"愿意参加考试并有信心取得证书",12.7%的被调查者选择"愿意参加考试但没有信心通过考试",8.4%的被调查者选择"不确定",只有4.5%的被调查者选择"不愿意参加考试,也不想要证书"。这说明新生代农民工对自己的学习能力还是充满信心的,也普遍认识到了职业资格证书的重要性,希望通过获取职业资格证书改善自己的工作与生存状态。

表 3 - 5　　　　新生代农民工参加职业资格考试并取得相应证书的态度　　　单位：%

可接受的最高培训费用	有效	累积
A. 愿意参加考试并有信心取得证书	74.4	74.4
B. 愿意参加考试但没有信心通过考试	12.7	87.1
C. 不想参加考试，也不想要证书	4.5	91.6
D. 不确定	8.4	100.0
合计	100.0	—

三、新生代农民工培训投资的方式倾向

由调查结果可知，新生代农民工倾向于选择的培训方式是在职培训（见表 3 - 6）。其中，倾向于利用工作之余进行在职培训的新生代农民工的比例为 62.2%，这种方式既不耽误正常工作，又可以有针对性地提升自身能力，因此成为新生代农民工的最佳选择；选择脱产培训方式（即不工作，时间全都用于学习）的新生代农民工约占 26.3%；而选择最传统培训方式即师带徒的只有 10.7%，这与新生代农民工的工作岗位与工作环境有关。农民工一般在正式上岗之前接受用人单位的岗位培训，在工作中参与培训以及由师傅带着学习的机会较少，因而对在工作中跟着师傅学的这种参与培训的方式不是很了解，选择的比例也相应较低。

表 3 - 6　　　　　　　新生代农民工最希望选择的培训方式　　　　　单位：%

培训方式	有效	累积
脱产培训（即不工作，时间全都用于学习）	26.3	26.3
在职培训（即利用工作之余的时间学习）	62.2	88.5
在工作中，跟着师傅学	10.7	99.2
其他	0.8	100.0
合计	100.0	—

在授课方式选择方面，在被问及"新生代农民工更愿意接受的授课方式"时，排名第一的是现场实习，累计占比为 59.5%；其次是现场讲授，累计占比为 51.4%；选择讨论交流、网络授课或函授、广播电视、VCD

学习等方式的比例均较低（见表3-7）。这意味着相比理论性教学而言，新生代农民工更倾向于培训的实用性和针对性，而现场培训和教学凸显了教学的情境性和实践性，不仅有助于新生代农民工更轻松地理解并掌握相关的知识与技能，同时也能保证教学内容贴近新生代农民工的工作实践，提升培训效果和效率，因此成为他们的最佳选择。

表3-7　　　　　新生代农民工更愿意接受的授课方式　　　　单位：%

更愿意接受的授课方式	响应	个案
A. 现场讲授	37.8	51.4
B. 现场实习	43.6	59.5
C. 广播电视	3.1	4.2
D. VCD学习	0.7	1.0
E. 网络授课或函授	6.4	8.7
F. 讨论交流	7.3	9.9
G. 其他	1.2	1.6
合计	100.0	136.2

四、新生代农民工培训投资的组织倾向

调查结果显示，新生代农民工倾向于选择政府部门和用人单位组织的培训（见表3-8）。其中，选择用人单位和政府部门组织培训的新生代农民工的比例最大，分别占31.3%和31.0%。这主要是因为用人单位提供的职业培训基本都是免费的且比较实用，直接与岗位相关，培训后见效快，而且培训时间和培训地点也都可以保证，能够较好地满足新生代农民工的培训需求；政府部门组织的培训相对而言公信力高，且多为免费培训，甚至还会给参加培训者发放一定的培训补贴，因此来自这两方面的培训成为新生代农民工参加职业培训的优先选择。其次是能够提供工作或实习机会的商业培训机构和非营利技能培训机构，分别占14.8%和13.0%，这反映出新生代农民工很注重实际工作技能的提高。实践机会已经成为培训课程设置中必不可少的环节。选择不提供工作或实习机会的商业培训机构、非营利技能培训机构以及社区志愿者组织的比例均较低。对新生代农

民工的个别访谈也证实了上述调查结果，被访谈者多数表示非常愿意参加用人单位组织的培训，但用人单位提供的培训机会非常有限，他们参加的多是入职时的培训，入职后能够获得的培训机会较少。对于政府组织的培训，评价不太一致，有的被访者认为政府组织的培训还是很有用的，但也有人表示作用不大，这主要与政府组织的培训内容与新生代农民工的培训需求是否一致有关。

表3-8 新生代农民工倾向于选择的培训组织者 单位：%

培训组织者	有效	累积
A. 政府相关部门	31.0	31.0
B. 用人单位	31.3	62.3
C. 商业培训机构（提供工作或实习机会）	14.8	77.1
D. 商业培训机构（不提供工作或实习机会）	5.0	82.1
E. 非营利性技能培训机构（提供工作或实习机会）	13.0	95.1
F. 非营利性技能培训机构（不提供工作或实习机会）	3.2	98.4
G. 社区志愿者组织	1.3	99.7
H. 其他	0.3	100.0
合计	100.0	—

在培训时间方面，新生代农民工倾向于选择的培训时间为1周~半个月，累计占比40%；其次是1周以内，累计占比28.5%；持续时间为半个月~1个月的累计占比15.8%，而选择1~3个月、3~6个月、6个月~1年培训时长的累计占比相对较低（见表3-9）。由此可以看出：培训周期越短，愿意参加培训的人数越多；随着培训周期的延长，愿意参加培训的人数逐渐减少。这主要是因为多数新生代农民工认为培训时间过长会耽误工作，进而影响收入，而且时间成本较高。培训时间过长也会让新生代农民工产生身体上的疲倦感和心理上的抵触情绪。在个别访谈中，不少新生代农民工提到"工作已经很累了，下班了只想睡觉，培训时间长了身体吃不消""培训时间长了，就没兴趣了"，等等。但客观上，培训时间过短容易造成培训内容的不全面，巩固性不强，影响培训的效果。另外，值得注意的是，选择培训时间1年以上的累计占比为17.4%，说明有

一部分新生代农民工产生了希望延长培训时间的需求，这可能与其日益迫切的自我提升和职业发展需求以及岗位特点有密切关系。通过访谈也了解到，新生代农民工对培训持续时间的要求主要与参加的培训是否有用有关，对于其认为特别有用的培训，培训时间持续长一些，他们也表示认同，如有的被访者表示"愿意参加会计方面的培训，时间可以长一些，因为时间短了，也学不到啥"等。这反映出新生代农民工对培训有了更为客观的认识。

表3-9	新生代农民工希望培训持续的时间	单位：%
希望培训持续的时间	响应	个案
A. 1周以内	26.1	28.5
B. 1周~半个月	36.7	40.0
C. 半个月~1个月	14.4	15.8
D. 1~3个月	2.7	2.9
E. 3~6个月	2.4	2.6
F. 6个月~1年	1.9	2.1
G. 1年以上	15.9	17.4
合计	100.0	109.2

在培训具体时间选择方面，新生代农民工选择在周末或工作之余全天培训的累计占比最高，为40.5%；选择无所谓的累计占比为25.3%；选择工作日的晚上或周一到周五全天的累计占比接近，分别为16.5%和16.2%；不需要固定时间，随时网络或电视课程学习的累计占比最低，仅为8.8%（见表3-10）。这说明大多数新生代农民工在培训时间安排的选择上不希望耽误自己的正常工作，而是利用自己的休息时间投入培训学习，这可以降低农民工参加培训的机会成本。但若培训时长安排不合理的话，容易引发新生代农民工的疲劳感，影响他们参加培训的兴趣和培训效果。

表 3 - 10　　　　　新生代农民工希望培训安排的时间　　　　　单位：%

希望培训安排的时间	响应	个案
A. 无所谓	23. 3	25. 3
B. 工作日的晚上	15. 2	16. 5
C. 周末或工作之余全天	37. 3	40. 5
D. 周一到周五全天	14. 9	16. 2
E. 不需要固定时间	8. 1	8. 8
F. 其他	1. 2	1. 2
合计	100. 0	108. 5

　　培训地点对于新生代农民工是否愿意参加培训也有较大影响，居住地离培训地点越远，参加培训的人数就越少。新生代农民工倾向于选择离居住地较近的培训地点（见表 3 - 11）。其中，新生代农民工最倾向于接受的是培训地点与居住地之间走路 10 分钟可达的路程，累计占比为 25. 2%；其次是走路 11 ~ 30 分钟的路程，累计占比为 21. 2%；骑自行车 11 ~ 30 分钟可达的累计可接受占比为 18. 8%；骑自行车 10 分钟以内、坐车 10 分钟以内路程的累计占比分别为 12. 2% 和 11. 1%。再远的路程，新生代农民工的接受度就很低了。由于大多数新生代农民工选择的是参加在职培训，因此，距离家比较近的培训地点可以缩短他们在路上奔波的时间，降低疲劳度，节省参加培训的成本。调查发现，考虑到北京的居住成本，新生代农民工多居住在用人单位提供的宿舍，或者在城市边缘地带租房子居住，这使得农民工的居住地与培训地点相距普遍较远，影响了他们参加培训的意愿。

表 3 - 11　　　　新生代农民工可接受的培训地点与居住地的最远路程　　　　单位：%

可接受的培训地点与居住地的最远路程	响应	个案
A. 走路 10 分钟以内	20. 2	25. 2
B. 走路 11 ~ 30 分钟	17. 0	21. 2
C. 骑自行车 10 分钟以内	9. 8	12. 2
D. 骑自行车 11 ~ 30 分钟	15. 1	18. 8
E. 骑自行车 31 ~ 60 分钟	6. 2	7. 7

可接受的培训地点与居住地的最远路程	响应	个案
F. 坐车 10 分钟以内	8.9	11.1
G. 坐车 11～30 分钟	7.2	8.9
H. 坐车 31～60 分钟	6.4	8.0
I. 坐车 61 分钟～120 分钟	1.1	1.4
J. 无所谓	7.3	9.1
K. 其他	0.8	1.1
合计	100.0	124.7

培训费用是影响新生代农民工参与培训的重要外在因素。新生代农民工更倾向于选择免费培训。调查结果显示，新生代农民工参加免费培训的意愿最高，这一比例占到了 61.8%；有 21.0% 的新生代农民工能接受培训费用占工资收入的五分之一；还有 9.4% 的新生代农民工能接受培训费用占工资收入的四分之一；只有不到 7.8% 的新生代农民工表示能够接受更高水平的培训费用（见表 3－12）。可见，随着培训费用所占工资收入比例的提高，愿意参加培训的人数递减。主要原因是：北京的生活成本很高，而多数新生代农民工主要就业于次要劳动力市场，收入维持在较低的水平，使得他们参加职业培训的经济支付能力非常有限，即使支付较低的培训费用也会挤占他们在其他方面的开支，尤其对于进城务工时间较短的农民工来说，这一问题更加明显，因此他们更倾向于选择免费培训。这也从侧面说明了农民工职业培训需要大量其他主体提供的费用投入，才能保证农民工职业培训事业的顺利进行。不过，随着新生代农民工对培训越来越重视，一些农民工表示"若培训有用，愿意支付较高的培训费用，比如 1000 元或者更高"，所以高质量的培训是影响农民工支付意愿的重要因素。

表 3－12　　　　　新生代农民工可接受的最高培训费用　　　　单位：%

可接受的最高培训费用	有效	累积
A. 不花钱，只会参加免费培训	61.8	61.8
B. 工资收入的五分之一或更少	21.0	82.8

续表

可接受的最高培训费用	有效	累积
C. 工资收入的四分之一	9.4	92.2
D. 工资收入的三分之一	2.1	94.3
E. 工资收入的二分之一	2.9	97.2
F. 维持基本生活外的所有收入	2.4	99.6
G. 只要培训需要，举债都可以	0.4	100.0
合计	100.0	—

第三节　新生代农民工的健康投资需求

健康作为其他人力资本的重要载体，有助于提高劳动者的工作效率，延长劳动者的工作时间，使之获得更多的就业机会。健康主要包括两个方面的内容：一是无疾病，身体具有良好的生理功能，能够正常进行劳动生产活动，这是一切要素的根本条件；二是对疾病具有抵抗力，身体素质较强，能够克服环境或其他因素带来的不适。

健康既有先天获得的部分，也有后天投资所获得的部分，原始的健康人力资本由先天因素决定，而个体为了改善或增加健康人力资本所采取的措施、取得的收益即为健康投资。已有研究表明，在迁移发生时，移民的健康状况普遍好于迁入国当地居民的健康状况，因为移民是通过健康自选机制形成的群体。很大程度上，移民的健康状况直接影响其迁移决策，良好的健康状况能减少对迁移行为源头上的阻碍，且使迁移者获得更高的劳动参与机会，拥有更强的获取收益的能力，但是移民的健康优势会随着时间变化呈现出内损耗的动态效应，无法适应迁入地的饮食生活方式、遭受排挤和歧视、医疗资源可及性缺乏都是影响移民健康的负面因素。因此，个体必须通过医疗服务、卫生保健、营养摄入、休闲活动和体能锻炼等多种途径来进行健康投资。医疗服务、卫生保险和营养摄入可以直接改善个体的身体素质，而休闲活动和体能锻炼则需要长时间的积累，才能达到改善人力资本的目的。

健康投资可以分为短期健康投资和长期健康投资。短期健康投资通常是"对症治疗"，主要类型有因病就医，即人们发现健康已经遭受损害后，采取相关医疗措施弥补健康损失，使健康得到恢复①。长期健康投资多为保健型措施，重在"提前预防"，以提高身体素质、减少健康损害的概率，主要类型有体育锻炼、营养保健等②。

新生代农民工受自身能力素质与职业技能水平，以及户籍制度等因素的影响，普遍在工作环境差、劳动强度大、技术含量低、待遇低等次级劳动力市场就业，所从事的岗位普遍对身体素质的要求较高以应对高强度的工作内容，强健的身体是其依存的极为重要的资本，是确保其获得收入的关键自身因素。同时缺少劳动保护与医疗保障，使得农民工罹患职业病、遭遇工伤的案例不在少数，伤病成为影响新生代农民工劳动的主要因素，也是其不可承受的重要负担。因此，从这点来看，新生代农民工的健康投资需求还是很旺盛的。

但现实情况是，新生代农民工的健康投资受到诸多因素的影响，表现并不理想，其中最主要的因素是收入。个人健康投资的多少取决于个人可支配的收入，个体只有解决温饱问题后，才会将剩余收入用于其他方面。因此，个人可支配的收入越高，用于健康投资的比例才可能越大。但新生代农民工普遍具有较低的收入水平且受教育程度较低，倾向于选择用健康人力资本换取劳动生产率。通过个别农民工访谈了解到，新生代农民工在生病时，很多人会选择到药店买点药吃就行，"不然到医院看病，单挂号就需要 50 元"。就医成本高是他们对待疾病的态度较为随意的主要原因。长此以往会造成新生代农民工健康水平的快速下降，当健康水平恶化到不得不使用更昂贵的医疗资源来弥补健康损失时，就会形成恶性循环③。健康投资的短视性和功利性也会削弱新生代农民工的健康投资需求④。新生代农民工对投资的选择多以预期目标为标准，只有预见未来收益明显时，才会对此进行投资。对于大多数新生代农民工而言，健康投资是个长期过程，往往在生病的情况下，才会感觉到健康投资的重要性。同时，个体的流动性也会影响健康投资，新生代农民工的就业流动性很大，尤其是对于一些参加新型农村合作医疗的农民工而言，可能会错过缴费时间，享受不

①　程虹，黄诗雅，李唐. 人格特质影响健康投资吗？——来自中国企业—劳动力匹配调查的经验证据 [J]. 经济与管理研究，2018，39（6）：66－77.

②　高其法. 健康的边际价值变化特征与长期健康投资不足 [J]. 医学与哲学（A），2013，34（5）：33－34，37.

③　叶春辉. 原发性肝细胞癌半肝切除术后血小板计数与肝功能衰竭及剩余肝脏再生的相关性研究 [D]. 南宁：广西医科大学，2018.

④　严政，王玉鹏. 新农村建设中人力资本投资分析——基于健康人力资本投资视角 [J]. 人才资源开发，2010（11）：42－43.

到优惠政策，而参加了新型农村合作医疗组织的新生代农民工，减免的费用还不够支付办理转诊、报销的交通费和误工费，这在一定程度上影响他们进行健康投资的积极性①。

针对新生代农民工参加社会保险（含养老、医疗、失业、工伤和生育等五险）的调查结果显示，新生代农民工的社会保险参与率还有待提高（见表3-13）。其中，"上了全部保险"的农民工仅占20.7%，"上了部分保险"的占35.6%，"没上，但想参加"的农民工占26.5%，"没上，但也无所谓"的占12.1%，还有5.1%的农民工选择"不清楚"。导致新生代农民工参加社保状况不理想的原因主要来自三个方面：第一，社会保险的参与是与个人收入相结合的经济购买行为，新生代农民工较低的个人收入影响了其缴费能力，从而导致社会保险参与率不高；第二，有些新生代农民工对北京地区的社会保障制度的具体规定模糊不清，没有认识到缴纳社会保险的重要意义；第三，当前的社会保险体系存在一些值得商榷的地方，如现行养老保险制度规定，个人需缴满十五年后才可以享受养老待遇，这对于部分迁移的农民工来说十分不利，他们在某地工作一段时间后如果迁移到他地，尽管缴费时间可以连续计算，养老账户中的个人缴纳部分可以转移，但单位缴费部分由于受地方保护思想限制存在跨区转移障碍，从而影响了农民工参加社会保险的积极性。

表3-13　　　　　　　　新生代农民工参加社会保险的情况　　　　　　　单位：%

参加社会保险的情况	有效	累积
A. 上了全部保险	20.7	20.7
B. 上了部分保险	35.6	56.3
C. 没上，但想参加	26.5	82.8
D. 没上，也无所谓	12.1	94.9
E. 不清楚	5.1	100.0
合计	100.0	—

注：社会保险是指养老、医疗、失业、工伤和生育等五险。

尽管新生代农民工的社会保险参与率不高，但是他们所面临的健康风

---

① 李娟娟，王征兵. 陕西农户健康投资意愿影响因素分析 [J]. 大连理工大学学报（社会科学版），2009，30（4）：34-38.

险还是很大的。在问及"身边农民工遭遇的健康风险"时，只有39.4%的人回答"没有"；而选择身边农民工因"劳动保护不到位而受伤"的累计占比最高，为37.8%；选择因"工作环境恶劣而得职业病"的累计占比为31.7%；选择因"遭遇歧视而长期心情压抑"和"因工死亡"的累计占比接近，分别为16.4%和15.6%；选择身边农民工是"食品安全卫生的受害者"的累计占比虽然最低，但也达到了12.9%。可见，新生代农民工所处的工作与生活环境决定了他们有较大的潜在健康投资需求（见表3－14）。

表3－14	身边农民工遭遇的健康风险	单位：%
身边农民工遭遇的健康风险	响应	个案
A. 没有过	24.8	39.4
B. 工作环境恶劣而得职业病	20.0	31.7
C. 劳动保护不到位而受伤	23.8	37.8
D. 因工死亡	9.8	15.6
E. 食品安全卫生的受害者	8.1	12.9
F. 遭遇歧视而长期心情压抑	10.3	16.4
G. 其他	3.2	5.0
合计	100.0	158.8

与城镇居民相比，社会保障制度不完善、长期形成的城乡二元结构模式以及流入地的歧视性规则使新生代农民工群体在建设城市的过程中不得已接受不平等的社会福利和公共服务，且面临较高的健康成本和健康风险。"以健康为代价换取收入"是新生代农民工的普遍选择，健康状况越好的农民工在外出务工期间越容易得到企业的"青睐"，获得的收入也相对越高，但是，其身体状况也会面临更多的健康损耗。大多数研究都指出，农民工健康状况的恶化主要来自工作环境、生活环境和就业环境等风险因素的冲击，尤其是农民工在工作中操作事故和各种有害的化学成分、物理成分、生物成分等不利因素及其他新型的职业有害因素对劳动者的身体和精神等方面的伤害很大，会引发新生代农民工一系列的健康问题。企业对农民工工作劳动保护的重视程度较低，在生产过程中并未对其安全采取相关措施，而劳动者的自身劳动保护意识较弱，二者共同造成了新生代

农民工的工伤事故、职业疾病等事件。同时，由于受到环境和经济条件的约束，新生代农民工群体的健康行为更趋向于不健康的饮食习惯和生活方式，更少的日常营养获取，因而损害了健康。

新生代农民工的心理健康状况也不容忽视。虽然大多数农民工能适应城市生活，但与城市居民交往较少，城市对农民工的包容性较低，导致部分新生代农民工出现抑郁和缺乏自信心的现象，再加上大多数农民工与配偶及家人聚少离多，不利于其身心健康。因此，较大的健康风险与较低的社会保险参与率成为新生代农民工面临的一个主要矛盾，迫切需要得到解决。

第四节　新生代农民工的迁移投资需求

迁移作为一种能提高人力资源生产力的投资，能促进资源的有效配置，从而得到收益，但是迁移也需要付出成本（斯加斯塔，1962）[①]。因此，迁移的收益与成本对比可以直接影响新生代农民工的迁移投资需求。

新生代农民工的直接迁移投资收益就是其通过获得非农就业机会带来的较高收入。随着城市的快速发展和产业需要，产生了对劳动力的巨大需求，这给新生代农民工提供了更多的就业机会，新生代农民工流动到城市往往能够得到较高的收入。从调查结果可以看出，新生代农民工在城市务工的收入普遍高于在老家的收入，但月收入增幅差异较大（见表3-15）。其中，月收入增幅为10%及以下的新生代农民工占比为28.2%，月收入增幅为31%～50%的占比为19.5%，月收入增幅大于100%的占比为13.5%，月收入增幅为11%～30%和51%～80%的占比相同，均为14.0%，月收入增幅为81%～100%的占比为10.8%。可见，有近四成的新生代农民工因迁移到城市，收入增长了50%以上。增加收入是农民工进行迁移投资的最主要动力。

---

① Sjaastad, Larry, A. The Costs and Returns of Human Migration [J]. The Journal of Political Economy, 1962 (70): 80-93.

表 3 - 15　　　　新生代农民工在城市务工比老家的月收入增加比例　　　单位：%

月收入增加比例	有效	累积
10% 及以下	28.2	28.2
11% ~ 30%	14.0	42.2
31% ~ 50%	19.5	61.7
51% ~ 80%	14.0	75.7
81% ~ 100%	10.8	86.5
100% 以上	13.5	100.0
合计	100.0	—

　　迁移投资收益不仅包括新生代农民工在非农就业中的预期收入，还包括其在迁移过程中能力的提高。因为迁移本身可以被视为一种特殊的教育或培训，可以增强农业劳动者适应陌生环境和各种职业的能力，拓展他们的眼界；另外，还包括受到城市人力资本积累的外部性作用，提高在城市工作、生活和消费的能力。

　　迁移的货币成本则是指新生代农民工因迁移而产生的直接费用，包括因迁移发生的交通、住房和食品等方面的支出，这一成本一般与迁移距离有关。此外，更重要的是迁移的机会成本，因为迁移者在做出迁移决策时，必定要在迁移和其他选择之间做出比较，但由于农村的非农就业机会较少，受户籍所在地经济发展水平的制约，新生代农民工迁移的机会成本一般不会太高。

　　新生代农民工在衡量迁移的收益与成本之后就会涉及选择留在城市或是离开城市，留城意愿在一定程度上也可以被理解为新生代农民工迁移投资需求的具体体现。因此，本研究专门针对新生代农民工的留城意愿进行了调查。

　　调查结果显示（见表 3 - 16），在问及"下一年是否还在本市发展"时，大多数新生代农民工的回答充满了不确定性。其中，只有 37.0% 的调查对象认为"一定还在"，43.3% 的调查对象认为"很可能还在"，11.5% 的调查对象认为"可能在别的城市"，4.9% 的调查对象认为"可能在老家"，还有 3.4% 的调查对象有其他选择。

表 3-16　　　　　新生代农民工下一年是否还在本市发展的情况　　　单位: %

下一年是否还在本市发展	有效	累积
A. 一定还在	37.0	37.0
B. 很可能还在	43.3	80.3
C. 可能在别的城市	11.4	91.7
D. 可能在老家	4.9	96.6
E. 其他	3.4	100.0
合计	100.0	—

而问及"十年后是否还在本市发展"时，新生代农民工的选择更是加重了不确定性。其中，只有 16.4% 的调查对象认为"一定还在"，38.7% 的调查对象认为"很可能还在"，19.5% 的调查对象认为"可能在别的城市"，18.6% 的调查对象认为"可能在老家"（见表 3-17）。

表 3-17　　　　　　十年后是否还在本市发展的情况　　　　单位: %

十年后是否还在本市发展	有效	累积
A. 一定还在	16.4	16.4
B. 很可能还在	38.7	55.1
C. 可能在别的城市	19.5	74.6
D. 可能在老家	18.6	93.2
E. 其他	6.8	100.0
合计	100.0	—

从上面的调查结果不难看出，尽管新生代农民工的迁移收益普遍高于在老家的收益，而迁移成本则相对较低，但他们的留城意愿并不强烈。新生代农民工中仅有极少数人能够长久留居在城市，更多人或徘徊在城市边缘，或在城市间辗转流动，成为失根的边缘化群体。究其原因，主要有以下三方面：一是身份认同和城市归属感问题。在我国，由城乡分割制度形成的隐形屏障横亘在农民工和市民之间，农民工长期被城市区隔和排斥，而新生代农民工更是处于既非市民也非农民的尴尬地位，导致其身份难以明确定位，直接影响了他们对城市的归属感。二是新生代农民工对未来的

发展预期并不清晰和肯定，对自己未来是否能够留在城市从事相对稳定、体面且具有发展前景的工作缺乏信心；三是北京高昂的日常生活成本以及医疗及子女教育成本。随着城市建设的新一轮发展，衣食住行问题关系到新生代农民工在城市的生存与发展，尤其对于已婚人群来说，拥有城市中的正规住房对新生代农民工的留城意愿更是具有重要影响，但是北京房价一路攀升，其上涨速度远远大于大部分人收入的增长速度，给绝大多数居民带来了巨大的生活压力，影响了其生活质量的提高。

市民化作为新生代农民工实现永久性迁移的重要标志，主要是指农村居民在城市从身份上获得与城市居民相同的合法身份，获得流入所在地的城市户籍和社会权利，同时从生活方式、行为习惯、价值观念、社会地位等诸多方面也实现向城市市民的转化①。但是，针对新生代农民工市民化意愿的调查结果显示，新生代农民工的市民化意愿并不强烈（见表3－18）。选择"希望，想成为城里人"的新生代农民工仅占25.4%；选择"无所谓"和"如果能与城里人享用同等待遇，是否具有城市户口不重要"的比例相同，均为27.1%；明确选择"不希望，因为不打算永远留在城市"的为17.6%；还有2.9%的人有其他选择。相关研究指出，新生代农民工市民化障碍主要有两类：一是城乡二元经济造成的体制障碍。我国现行的户籍制度以及与其相关联的各种制度，导致新生代农民工在城市就业劳动、社会保障、子女入学等方面都处于尴尬的境地，无法得到有效的合法权益保障，影响着农民工真正融入城市。二是新生代农民工自身发展的障碍，主要包括人力资本和社会资本的缺失。在新生代农民工流入城市谋求生存发展的过程中，他们的人力资本、职业经历以及以血缘、地缘为主的传统社会资本网络等都会在不同程度上影响农民工群体能否有效、更快地融入城市生活。

表3－18　　　　　　　　　新生代农民工市民化的意愿　　　　　　　单位：%

是否希望有城市户口	有效	累积
A. 不希望，因为不打算永远留在城市	17.6	17.6
B. 希望，想成为城里人	25.3	42.9
C. 无所谓	27.1	70.0

① 严春鹤. 农民工市民化的内涵、障碍因素及对策分析［J］. 现代商贸工业，2018，39（19）：91－95.

续表

是否希望有城市户口	有效	累积
D. 如果能与城里人享用同等待遇，是否具有城市户口不重要	27.1	97.1
E. 其他	2.9	100.0
合计	100.0	—

　　农业与非农业的户籍差异是阻碍农民工在城市就业中享有平等权益的重要障碍。取消户籍所带来的城乡差距、区域差距是未来户籍制度改革的方向，也是农民工在城市就业中获得公平待遇的根本保障。2014 年 7 月30 日，国务院发布《国务院关于进一步推进户籍制度改革的意见》（以下简称《意见》），强调要"进一步推进户籍制度改革"，改革的最终目标是"进一步调整户口迁移政策，统一城乡户口登记制度……稳步推进义务教育、就业服务、基本养老、基本医疗卫生、住房保障等城镇基本公共服务覆盖全部常住人口"，从此揭开了户籍制度改革的新篇章，户籍制度改革为新生代农民工的迁移投资打开了大门。2019 年 4 月 8 日，国家发展改革委发布《2019 年新型城镇化建设重点任务》提出，超大特大城市要大幅增加落户规模，大城市全面放开放宽落户条件，为农民工市民化提供了更宽松的条件。随着户籍制度改革的进一步深入，制度因素对农民工城市迁移的阻碍会逐步得到消解。但是，真正享受到市民待遇，让农民工进城后能留得下来才是增强农民工迁移意愿和市民化的关键。

　　针对户籍制度改革的进一步调查显示，接近一半的调查对象认为取消城乡差别待遇是户籍改革的重点（见表 3 - 19）。其中，48.9% 的被调查者认为"改革的重点是取消城乡差别待遇"，19.0% 的被调查者表示"不了解"，15.3% 的被调查者认为"应取消户籍制度"，14.3% 的被调查者表示"无所谓"，还有 2.5% 的被调查者选择"不需要改革"。这一调查结果表明，户籍制度本身并非阻碍农民工市民化的最主要因素。事实上，有些在城市扩张中被转为城市户口的农民工仍然居住在"城中村"，并没有成为真正的市民，而很多农民工在城市定居多年，也并没有或不愿意转为城市户口[①]。可见，户籍制度之外的软环境建设影响着农民工的迁移和留城意愿。

---

① 邹一南. 农民工永久性迁移与城镇化投资政策取向 [J]. 人口与经济，2015（4）：28 - 38.

表 3 – 19　　　　　　新生代农民工对未来户籍改革的认识　　　　　单位：%

对未来户籍改革的认识	有效	累积
A. 不了解	19.0	19.0
B. 不需要改革	2.5	21.5
C. 改革的重点是取消城乡差别待遇	48.9	70.4
D. 应取消户籍制度	15.3	85.7
E. 无所谓	14.3	100.0
合计	100.0	—

　　客观地说，大多数新生代农民工关注的是取消城乡差别待遇。长远来看，随着国家积极出台破解二元经济体制的各种政策，以户籍区分为核心的体制性因素将不再是新生代农民工城市迁移和市民化的主要障碍，新生代农民工自身人力资本、社会资本的缺失将是限制其市民化进程的重要障碍。因此，新生代农民工迫切需要加大人力资本投资力度。

第四章

北京地区新生代农民工人力资本投资意愿的影响因素

目前，从北京地区新生代农民工人力资本投资的现状来看，新生代农民工有进行人力资本投资的现实需求，但他们的人力资本投资现状并不理想，这与新生代农民工的人力资本投资意愿有关。投资意愿在很大程度上决定了投资行为的发生，调查了解新生代农民工的人力资本投资意愿，系统分析影响人力资本投资意愿的主要因素，有助于我们发现新生代农民工进行人力资本投资的主要动因，对于提高他们的人力资本投资参与度和投资效率具有重要的指导意义。

第一节　理论分析与研究方法

一、北京地区新生代农民工人力资本投资意愿影响因素的理论分析

根据前文梳理的人力资本投资的相关理论与已有研究成果不难看出，从个人角度出发，影响人们人力资本投资意愿的因素主要包括两大类，分别是投资者的人口学特征与经济特征。

（一）人口学特征因素

人口学特征因素主要指农民工的性别、年龄、健康、受教育程度以及婚姻等方面的情况。人们所处的个人基本特征状况不同，对待人力资本投

资的态度也不同，并限制人力资本投资行为的发生。

1. 性别特征

不同学者的分析结果存在一定差异。有的研究结果显示，性别对农民工的教育与培训意愿有显著影响，且男性的投资意愿显著高于女性[①]；但也有研究表明，性别对于农民工的投资意愿没有显著影响[②]。这主要与研究者的研究对象和采集样本的代表性有关。新生代农民工有不同于老一代农民工的特征，且不同地区新生代农民工的意愿也会存在差异，有必要考察性别特征对新生代农民工人力资本投资意愿的影响。

2. 年龄特征

人力资本投资作为一种投资行为，投资者总是会从投资收益的角度来衡量是否进行投资。当投资者评估投资的未来收益现值大于零时，投资者越年轻，其从人力资本投资中获益就越大，反之则越少。由此可以推断，年龄越小的农民工其人力资本投资的意愿越强烈。新生代农民工中00后已经进入了劳动力市场，他们与80后农民工相差20岁，这样的年龄差距也可能导致不同年龄阶段农民工的人力资本投资意愿存在差异。

3. 健康状况

分析健康因素对新生代农民工人力资本投资意愿的影响出于两方面的考量：一是在排除意外因素的情况下，一个人越健康，其活着的时间就可能越长，那么其从人力资本投资中获益的时间就越长，获益也就越大，反之就越小[③]；二是与考虑年龄的因素相同，80后的新生代农民工现已接近40岁，身体健康状况会随着年龄增长而有所下降，特别是主要从事体力劳动的农民工，其以身体健康换取收入的情况较为普遍，身体健康状况会与90后、00后农民工有一定差异，进而影响他们的人力资本投资意愿。

4. 受教育程度

多数相关研究成果显示，农民工的受教育程度越高，其人力资本投资的意愿就越强（陆晗，2011[④]；黄德林等，2014[⑤]；汪磊，2016[⑥]）；也有研究认为，文化程度高对于人力资本投资并非完全是正向作用，它的负向作用可能在于，有些农民工自视文化程度高，于是在人力资本投资的时候

① 齐小兵，侯景娟. 农民工参与职业教育与培训的意愿及影响因素研究——基于江西省农民工调查的实证分析 [J]. 职业技术教育，2017，38（16）：65-69.

②⑥ 汪磊. 新生代农民工职业培训意愿的影响因素研究 [D]. 南昌：江西财经大学，2016.

③④ 陆晗. 农民工人力资本投资意愿研究 [D]. 南京：南京农业大学，2011.

⑤ 黄德林，陈永杰. 农民工职业技能培训意愿及影响机理研究——基于武汉市、厦门市、沧州市的实证调查 [J]. 中国软科学，2014（3）：68-75.

就觉得没有必要或者机会成本较大，反而会增加人力资本投资的难度，降低人力资本投资的意愿。相关实证研究结果显示，受教育程度对农民工参与职业教育与培训意愿的影响呈倒 U 型模式，即农民工愿意参与职业教育与培训的概率随着受教育水平的上升也逐渐上升，在教育水平为初中层次达到顶点，之后农民工的参与意愿逐渐回落①。新生代农民工的受教育程度总体高于老一代农民工，受教育程度对其人力资本投资意愿的影响如何，还需要进一步考量。

5. 婚姻状况

有研究结果显示，未婚农民工与已婚农民工在投资意愿方面不存在显著差异，但离异或再婚的农民工与已婚农民工之间却存在显著性差异，离异或再婚的农民工接受教育培训的意愿较低，婚姻上的挫折对农民工参与教育培训具有负面影响②。有的研究认为未婚农民工由于没有家庭，一个人在外打拼，工作生活不稳定，进行迁移流动方面的投资会比较多，进行基本社会养老和医疗保险方面的投资会比较少；已婚农民工已经成立了家庭，出于家庭稳定的需要，他们对于迁移流动的投资会比未婚时候少，进行基本社会养老和医疗保险方面的投资就可能增加很多，且因家庭负担问题而影响进行教育与培训投资的经济与时间支持③。另有一些研究显示，婚姻状况对农民工的教育与培训投资意愿没有显著影响④。可见，婚姻状况对农民工人力资本投资的影响相对比较复杂。

（二）经济特征因素

经济特征主要指与农民工收入水平、支出意愿有关的因素，包括工作状况、收入水平、投资评价等。

1. 工作状况

农民工进城主要以实现就业为主要目标，其就业状态、所从事的工作会影响他们对教育与培训投资的需求、意愿与决策。并且，农民工进城本身就是一种迁移投资，在城市就业的难易和工作质量的高低将影响他们在城市就业的稳定性。农民工的工作状况主要包括就业状态、外出工作年

---

① 齐小兵，侯景娟. 农民工参与职业教育与培训的意愿及影响因素研究——基于江西省农民工调查的实证分析 [J]. 职业技术教育，2017，38（16）：65 - 69.
② 汪传艳. 农民工参与教育培训意愿影响因素的实证分析——基于东莞市的调查 [J]. 职教论坛，2012（28）：35 - 40.
③ 陆晗. 农民工人力资本投资意愿研究 [D]. 南京：南京农业大学，2011.
④ 汪磊. 新生代农民工职业培训意愿的影响因素研究 [D]. 南昌：江西财经大学，2016.

限、就业所在行业、所从事的岗位与职业类型等。研究视角、调查对象的范围、变量的处理等方面的差异，使得已有研究在这些变量上的分析结果有较大差异，还需要针对特定的研究对象范围进行针对性的分析。

2. 收入水平

收入是农民工进城务工最关心的问题，也是农民工参与人力资本投资的关键基础。多数研究结果显示，收入水平对农民工的教育与培训投资意愿有显著影响，只是不同收入水平对农民工人力资本投资意愿的影响程度不同（汪传艳，2012[①]；黄德林等，2014[②]；齐小兵、侯景娟，2017[③]）。近年来，农民工收入水平的增幅较大，而随着农民工收入水平的增加，农民工对人力资本投资特别是教育与培训投资的重视反而有所下降，这主要源于农民工对教育与培训的重视程度不够，以及对职业发展的短视[④]。新生代农民工相比老一代农民工更注重工作质量，对教育与培训更重视一些，但仍需要进一步检验不同收入水平对新生代农民工人力资本投资意愿的影响。

3. 农民工对人力资本投资的评估

人们在进行一项投资之前都会对该项投资的成本、收益进行评估。一方面要评估投资所付出的经济、机会以及心理等方面的成本是否是自己能够承受的；另一方面要评估投资后的未来收益是否值得现在的付出。农民工对待人力资本投资也是一样。针对教育与培训投资，从投资成本来看，农民工需要付出一定的时间、精力并支付一定的费用，他们需要衡量自己是否能够承担得了。如果人力资本投资的费用过高，影响到农民工的正常生活水平了，那么希望进行人力资本投资的人应该是极少的，农民工对于人力资本投资的费用评价将直接而有力地影响到其对于人力资本投资的意愿的强度。农民工还会考虑时间成本问题。农民工的日工作时长普遍都在8小时以上，在很大程度上限制了农民工利用闲暇时间参加职业教育与培训；而脱产的教育与培训，因为会影响其现期收入而影响他们的投资意愿。从投资收益来看，农民工会评估教育与培训能给自己带来的未来收益，

① 汪传艳. 农民工参与教育培训意愿影响因素的实证分析——基于东莞市的调查 [J]. 职教论坛，2012（28）：35-40.
② 黄德林，陈永杰. 农民工职业技能培训意愿及影响机理研究——基于武汉市、厦门市、沧州市的实证调查 [J]. 中国软科学，2014（3）：68-75.
③ 齐小兵，侯景娟. 农民工参与职业教育与培训的意愿及影响因素研究——基于江西省农民工调查的实证分析 [J]. 职业技术教育，2017，38（16）：65-69.
④ 汪昕宇，陈雄鹰. 北京新生代农民工培训现状与需求倾向分析 [J]. 人力资源管理，2016（1）：153-155.

但由于他们缺乏对未来收益的判断力，以及教育与培训所带来收益的滞后性和长期性特点，会影响其对投资收益的判断进而影响投资意愿。为此，我们可以从培训的内容、时间、费用、满意度等方面来进行衡量。针对迁移投资，可以利用迁移前后生活成本的变化、收入的变化等因素来分析。

二、研究方法

从上文的理论分析可知，影响农民工人力资本投资的因素有很多，分析每一个因素对农民工投资意愿的影响有利于我们把握众多因素中的关键要素，有针对性地进行改善或引导，从而增强农民工的投资意愿。但同时我们也要考虑到，现实情境下，农民工在进行投资决策时往往会综合多个因素的共同影响，即各个因素之间会相互作用，而不是单独发生作用，这就需要进行各个因素的综合分析，从而更好地呈现出农民工投资意愿形成的具体路径。为此，本研究选择决策树分析法进行新生代农民工人力资本投资的影响因素分析。决策树对因素较多、交互作用复杂的数据集有更强的处理能力，在数据的处理上更有优势。从本研究的目的出发，选用决策树算法还在于其能在损失较少信息的基础上挖掘出较多的规则集，回答各变量的影响差异，还能以路径轨迹对新生代农民工的人力资本投资意愿进行分类。

决策树（decision tree）是数据挖掘中数据分类的一种有监督的分类算法，通过学习样本集建立分类函数或者分类模型，该函数或分类模型能够将数据记录映射到某个类别，从而可以用于数据预测分类。决策树由决策节点、分支和叶子组成，以树型结构（二叉树或多分支树）表示最终分类结果。树中每个节点表示分析对象的某个属性，每个分支表示这个属性的某个可能的取值，因此，从根节点到叶节点就对应着一条合理规则，整棵树对应着一组表达式规则。规则通常以 if-then（如果—那么）的形式描述，从决策树的根节点开始沿着一条路径所形成的属性与属性值的合取项就构成了 if 部分，叶子节点所标记的类别就构成了规则的 then 部分，即规则的结论。通过构造决策树模型，提取有价值的分类规则，帮助决策者做出准确的预测已经应用在很多领域。

目前决策树算法中常用的有 ID3、C4.5、CHAID、CART、SLIQ、SPRINT 这几种算法。CHAID 算法是 1975 年由学者马吉森提出，ID3（Iterative Dichotomizer3）算法是昆兰在 1993 年提出的，其把信息论中的信息熵概念引入决策树算法当中，为决策树算法的发展做出了贡献。CART 分类算法与 ID3 算法同期产生，由布赖曼和弗雷德曼等人在 1984 年提出，这种方法以基尼指数作为测试属性，最终生成二叉树的形式。为了改进 ID3 算法本身存在的不足，昆兰在 1994 年又提出了 C4.5 算法。1996 年，学者梅塔和阿格拉瓦尔等提出了 SLIQ（Supervised Learning In Quest）分类方法，同年，谢弗和阿格拉瓦尔等人提出了可伸缩并行归纳决策树（Scalable Parallelizable Induction of decision tree，SPRINT）这一分类方法①。

（1）构建决策树

一个恰当的分裂属性该怎样被选取出来进行一次分裂，同时对应将要产生的分支该用怎样恰当的分裂谓词来表达等问题都是需要分析的重点。

（2）修剪决策树

因为数据存储到系统的形式、存在很多噪声点以及其他原因会导致一个刚利用决策树算法构建的原始树过大或者过小。为了便于分析，需要对原始树进行修剪工作。在找到一个最佳的决策树的过程中，修剪工作扮演了极其重要的角色。

基本上，决策树的大小往往与成本、结果的错误率紧密相关。在修剪的过程中，需要在它们之间找到一个最佳的平衡点。修剪的目的是在保证相对允许的精度范围内，叶节点的深度和个数达到最少。一般来说，大的决策树节点比较多，同等样本集合下，分布到各个节点数的样本数就少了很多，导致最终的决策精度降低了，而且付出的传输等成本也相应增加了，因此，把决策树修剪得小一点比较合适。但是，并不是越小的决策树就越好，过小的决策树也会导致节点过少，最后的决策精度也达不到要求。修剪一个合适的决策树是比较重要的，平衡各个方面去修剪是不错的选择。预剪枝和后剪枝是较为常用的两种修剪方式。比如采用预剪枝，在建立决策树之前，计划好停止规则，分支满足规则就不能往下生长；而后剪枝，规则是在建立决策树之后制定的，依照规则对原始决策树进行优化工作。

（3）生成规则

规则就是用来实现预测等模型的基本方法，当一个经过优化达到最好的决策树出现的时候，可以根据决策树的各个路径下的条件（If 部分）以及条件下的结果（Then 部分）生成相应的规则。一个完整的规则需要从

---

① 赵红艳. 决策树技术在学生成绩分析中的应用研究 [D]. 济南：山东师范大学，2007.

根节点到叶节点形成的路径。一个决策树往往会产生多条路径，即对应着多条规则。

本研究具体采用卡方自动交互检测法（chi-squared automatic interaction detector，CHAID）对数据进行分析。CHAID 原理是用最大似然比或 Pearson χ^2 检验针对某一设定的反应变量，对一系列的解释变量加以比较，找出最佳解释变量和对反应变量的分类结果。其过程是将解释变量分成一系列的二维分类表，从中找出最有统计的解释变量，在此变量的基础上继续进行二维分类，直到结果满意为止①。

CHAID 方法非常适宜预测分类变量（离散变量），而连续型的输入变量首先要进行离散处理（缺省状态下自动分为 10 段）。CHAID 的生长过程：它以因变量为根节点，对每个自变量进行分类，通过进行卡方分析（Chi－square Test）比较各分类属性的卡方值，将能够产生最大卡方值的属性作为分裂划分属性。一般是通过计算节点中卡方的 P 值，以 P 值大小来决定决策树是否继续生长，直到没有统计意义上的显著细分变量将子节点划分为止，所以不需要再做决策树后剪枝的动作。

CHAID 决策树生长过程原理是：假定训练集 T 包括 n 个样本，这些样本分别属于 m 个类，其中第 i 个类在 T 中出现的比例是 A，那么信息熵 $I(T)$ 可以使用公式（1）计算出。

$$I(T) = \sum_{i=1}^{m} - p_i \log p_i \tag{1}$$

例如用属性 A 作为划分度量，将训练集样本的 T 集合划分 k 个子集，为 $\{T_1, T_2, \cdots, T_k\}$，其中 T_i 覆盖的样本集为 n_i。由 A 划分子集的熵 $E(A)$ 可以使用公式（2）算出来。

$$E(A) = \sum_{i=1}^{k} \frac{n_i}{n} I(T_i) \tag{2}$$

然后计算出对应的属性划分的信息增益，对于在属性 A 上该划分获得的信息增益可以通过公式（3）计算得出。

$$Gain(A) = I(T) - E(A) \tag{3}$$

针对每种属性变量的信息增益的计算可以参照信息理论的特征选择方法，最后选取出来属性变量作为分裂属性变量，其中它的信息增益应该是最大的。至此完成树的分裂过程。

---

① 张超，陈平雁，张小远. CHAID 方法及其在高校教师职业倦怠感影响因素分析中的应用 [J]. 第一军医大学学报，2003（12）：1352－1354.

下面将采用 SPSS21.0 对数据进行录入与处理，应用 CHAID 决策树方法分别讨论北京地区新生代农民工教育投资意愿、培训投资意愿、健康投资意愿和迁移投资意愿的影响路径。

第二节　北京地区新生代农民工教育投资意愿影响因素分析

一、北京地区新生代农民工教育投资意愿及其差异性分析

（一）北京地区新生代农民工教育投资意愿

对于新生代农民工来说，教育投资最主要的途径是参加职业教育。本研究针对新生代农民工职业教育投资意愿的调查结果显示，有近八成的新生代农民工表示愿意参加职业教育（见表 4-1）。新生代农民工的平均年龄较低，且以具有高中学历为主，他们有精力和能力参与职业教育，并且愿意通过参加职业教育获取相应的同等学力文凭。通过与个别新生代农民工的访谈了解到，他们之所以愿意参加职业教育，是出于两方面的原因：一方面为自己的职业发展奠定更好的基础；另一方面也希望能通过职业教育来体现自己的人生价值，获得与同龄的城市青年同等的社会地位。

表 4-1　　　　　　　新生代农民工进行职业教育投资的意愿　　　　单位：%

投资意愿	有效	累积
愿意	77.9	77.9
不愿意	9.8	87.7
不确定	12.3	100.0
合计	100.0	—

但是仍需注意，有近 10% 的被调查者表示不愿意参加职业教育，另有 12.3% 的被调查者表示不确定。进一步调查了解到，他们不愿意或不确定参加职业教育的原因主要有以下几方面：排名第一位的是"学习时间不能

保证",累计占比为 39.3%。排名第二位的是"不知道学完了有啥用",累计占比为 24.4%。之后依次是"不知道什么是职业教育"和"不需要这类文凭",累计占比分别是 20.2% 和 10.7%(见表 4 - 2)。

表 4 - 2 　　　　新生代农民工不愿意或不确定参加职业教育的原因　　　　单位:%

不愿意或不确定参加职业教育的原因	响应	个案
不知道什么是职业教育	19.0	20.2
学习时间不能保证	36.9	39.3
不知道学完了有啥用	22.9	24.4
不需要这类文凭	10.0	10.7
其他	11.2	11.9
合计	100.0	106.5

上述结果说明,学习时间和认知是影响新生代农民工进行教育投资的重要因素。这一方面与新生代农民工多承担低端工作,任务繁重,难以有闲暇时间进行教育投资有关;另一方面是部分新生代农民工出生在农村,初中毕业后就到城市打工,社会认知和人生规划能力相对欠缺,思想观念比较落后,对职业教育的意义和前景认识不到位,仅考虑眼前利益,认为职业教育浪费时间和金钱,同时受经济条件户籍制度以及工作环境的限制,很难共享到城市的公共教育资源,从而影响了他们进行教育投资的积极性和主动性。另外,近两成的被调查者表示"不知道什么是职业教育",这反映出我们对职业教育的宣传和普及程度还有待提高。

(二) 北京地区新生代农民工教育投资意愿的差异性比较分析

第一,从年龄代际来看,90 后新生代农民工参与职业教育的意愿明显高于 80 后的新生代农民工。其中,80 后新生代农民工未来愿意参加职业教育的比例为 76.2%,而 90 后的这一比例为 82.4%(见表 4 - 3)。导致这种差异的主要原因是:90 后新生代农民工具有年龄优势,其离开学校的时间相对短一些,且他们的成长环境与城市同龄人相似,不急于立刻在城市就业,对系统的学校教育有一定的向往,希望能够通过职业教育实现职业能力的提升,提高学历层次,以便找到更好的工作,有更好的职业发展。

表4-3　　　　　不同年龄代际新生代农民工参加职业教育的意愿

年龄分类		参加职业教育意愿			合计
		愿意	不愿意	不确定	
80后	年龄代际中的%	76.2	10.9	12.9	100.0
90后	年龄代际中的%	82.4	6.9	10.7	100.0
合计	年龄代际中的%	77.9	9.8	12.3	100.0
卡方检验		Pearson 卡方值 = 4.4677，渐进 Sig.（双侧）= 0.097（10%水平下显著）			

　　第二，不同婚姻状况的新生代农民工参加职业教育的意愿有一定差别。其中，未婚新生代农民工参加职业教育的意愿最高，表示未来愿意参加职业教育的农民工占比达到了81.9%；其次是已婚和离异的新生代农民工，这一比例分别为78.2%和75.0%；丧偶的新生代农民工参加职业教育的意愿最低，仅有46.2%的人表示未来愿意参加职业教育（见表4-4）。导致上述差异的原因主要与不同婚姻状态下新生代农民工的年龄和对生活的期盼有关。一般未婚的农民工相对年轻，且没有家庭的牵绊与负担，愿意通过职业教育来积累人力资本，以实现更好的职业发展；已婚的农民工为了给自己和家人提供更好的生活条件，也会愿意通过职业教育来实现个人目标；丧偶的农民工一般年龄偏大，不愿意在这方面投入太多。

表4-4　　　　不同婚姻状况下新生代农民工参加职业教育的意愿

婚姻状态		参加职业教育意愿			合计
		愿意	不愿意	不确定	
已婚	婚姻状况中的%	78.2	9.9	11.9	100.0
未婚	婚姻状况中的%	81.9	8.2	9.9	100.0
离异	婚姻状况中的%	75.0	6.2	18.8	100.0
丧偶	婚姻状况中的%	46.2	30.8	23.0	100.0
其他	婚姻状况中的%	58.8	17.7	23.5	100.0
合计	婚姻状况中的%	77.9	9.8	12.3	100.0
卡方检验		Pearson 卡方值 = 16.324，渐进 Sig.（双侧）= 0.038（5%水平下显著）			

第三，受教育程度不同的新生代农民工参加职业教育的意愿差异显著。调查结果显示，文化程度越高的新生代农民工，其未来参加职业教育的意愿越高（见表4-5）。在被调查的新生代农民工中，有81.8%的本科及以上学历的新生代农民工愿意参加职业教育，大专学历的新生代农民工的这一比例为87.3%，高中学历的新生代农民工的这一比例为80.8%；参加职业教育意愿最低的是小学及以下学历的新生代农民工，愿意参加职业教育的农民工占比只有53.8%。学历越高，新生代农民工对职业教育就越重视，越能理解职业教育的重要性，从而参与意愿也就越高。

表4-5　　　　受教育程度不同的新生代农民工参加职业教育的意愿

教育程度		参加职业教育意愿			合计
		愿意	不愿意	不确定	
小学及以下	文化程度中的%	53.8	30.8	15.4	100.0
初中	文化程度中的%	73.0	13.7	13.3	100.0
高中	文化程度中的%	80.8	5.8	13.4	100.0
大专	文化程度中的%	87.3	2.8	9.9	100.0
本科及以上	文化程度中的%	81.8	14.5	3.7	100.0
合计	文化程度中的%	77.9	9.8	12.3	100.0
卡方检验		Pearson 卡方值 = 40.466，渐进 Sig.（双侧）= 0.000（1%水平下显著）			

第四，从就职于不同性质工作单位的新生代农民工来看，在国有企业、外资企业和私营企业工作的新生代农民工，其愿意参加职业教育的比例最高，分别为95.3%、89.7%和81.7%。在事业单位、国家机关工作和处于自营状态的新生代农民工愿意参加职业教育的比例较低，分别为62.0%、61.5%和56.7%（见表4-6）。在国有企业、外资企业和私营企业工作，相比在其他单位工作竞争更为激烈，需要有较高的职业技能作为职业发展的基础，从而促使新生代农民工参加职业教育的意愿更高。

表4-6　　就职于不同单位性质的新生代农民工参加职业教育的意愿

单位分类		参加职业教育意愿			合计
		愿意	不愿意	不确定	
国有企业	单位性质中的%	95.3	4.7	0	100.0
事业单位	单位性质中的%	62.0	26.0	12.0	100.0
国家机关	单位性质中的%	61.5	7.7	30.8	100.0
外资企业	单位性质中的%	89.7	3.4	6.9	100.0
私营企业	单位性质中的%	81.7	5.6	12.7	100.0
集体企业	单位性质中的%	75.0	5.0	20.0	100.0
个体经济	单位性质中的%	70.6	14.7	14.7	100.0
自营	单位性质中的%	56.7	26.7	16.6	100.0
合计	单位性质中的%	79.3	8.3	12.4	100.0
卡方检验		Pearson 卡方值 = 58.508，渐进 Sig.（双侧）= 0.000（1%水平下显著）			

　　第五，从事不同行业的新生代农民工，其参加职业教育的意愿也有明显区别（见表4-7）。从事制造业以及交通运输业、仓储和邮政业的新生代农民工参加职业教育的意愿最高，占比分别为94.3%、90.7%；而住宿和餐饮业以及居民服务、修理和其他服务业的新生代农民工参加职业教育的意愿较低，分别为66.7%和66.4%。这与不同行业对从业者的技能要求水平不同有关。

表4-7　　不同行业的新生代农民工参加职业教育的意愿

行业分类		参加职业教育意愿			合计
		愿意	不愿意	不确定	
制造业	从事行业中的%	94.3	2.3	3.4	100.0
建筑业	从事行业中的%	82.0	4.9	13.1	100.0
交通运输业、仓储和邮政业	从事行业中的%	90.7	5.8	3.5	100.0
批发和零售业	从事行业中的%	72.6	11.0	16.4	100.0
住宿和餐饮业	从事行业中的%	66.7	19.0	14.3	100.0

续表

行业分类		参加职业教育意愿			合计
		愿意	不愿意	不确定	
居民服务、修理和其他服务业	从事行业中的%	66.4	15.6	18.0	100.0
其他	从事行业中的%	67.7	15.4	16.9	100.0
无工作	从事行业中的%	79.1	8.5	12.4	100.0
合计	从事行业中的%	94.3	2.3	3.4	100.0
卡方检验		Pearson 卡方值 = 46.337，渐进 Sig.（双侧）= 0.000（1%水平下显著）			

第六，从岗位类型来看，不同岗位的新生代农民工参加职业教育的意愿有一定差异（见表4-8）。生产线工人和商业人员参加职业教育的意愿较高，其愿意参加职业教育的新生代农民工占比分别为91.1%和90.6%；而服务人员参加职业教育的新生代农民工比例为63.2%，参与意愿较低。

表4-8 不同岗位的新生代农民工参加职业教育的意愿

岗位分类		参加职业教育意愿			合计
		愿意	不愿意	不确定	
管理人员	岗位类型中的%	82.6	10.9	6.5	100.0
专业技术人员	岗位类型中的%	86.2	6.9	6.9	100.0
普通办事人员	岗位类型中的%	86.5	5.8	7.7	100.0
商业人员	岗位类型中的%	90.6	3.1	6.3	100.0
运输工人	岗位类型中的%	84.8	6.1	9.1	100.0
服务业人员	岗位类型中的%	63.2	16.8	20.0	100.0
建筑工人	岗位类型中的%	84.8	3.0	12.2	100.0
生产线工人	岗位类型中的%	91.1	6.7	2.2	100.0
其他	岗位类型中的%	67.5	15.0	17.5	100.0
无工作	岗位类型中的%	79.1	8.6	12.3	100.0
合计	岗位类型中的%	77.9	9.8	12.3	100.0
卡方检验		Pearson 卡方值 = 45.467，渐进 Sig.（双侧）= 0.000（1%水平下显著）			

二、北京地区新生代农民工教育投资意愿影响因素的实证分析

(一) 变量提取

1. 被解释变量

如前所述，本研究通过调查新生代农民工"是否愿意参加职业教育"来反映其进行教育投资的意愿，将投资意愿分为"愿意""不愿意"和"不确定"三类，并以"是否愿意参加职业教育"作为被解释变量。

2. 解释变量

根据前文的理论分析，本研究引入的解释变量及北京地区新生代农民工职业教育投资意愿影响因素涉及的变量如表 4 – 9 所示。

表 4 – 9　　　　　　　　　　职业教育投资意愿解释变量

变量名称	变量属性与取值范围
性别	离散：1 男，2 女
户籍	离散：1 北京，2 京外
代际	离散：1 (90 前)，2 (90 后)
婚姻状态	离散：1 已婚，2 未婚，3 离异，4 丧偶
文化程度	离散：1 小学及以下，2 初中，3 高中 (包括职业高中、中专、技校)，4 大专，5 本科及以上
所在单位性质	离散：1 国有企业，2 事业单位，3 国家机关，4 外资企业，5 私营企业，6 集体企业，7 个体经济组织，8 自营，9 其他，10 无工作
从事行业	离散：1 制造业，2 建筑业，3 交通运输业、仓储和邮政业，4 批发和零售业，5 住宿和餐饮业，6 居民服务、修理和其他服务业，7 其他，8 无工作
岗位类型	离散：1 管理人员，2 专业技术人员，3 普通办事人员，4 商业人员，5 运输工人，6 服务业人员，7 建筑工人，8 生产线工人，9 其他，10 无工作
职业资格证书	离散：1 没有取得，2 初级工 (五级)，3 中级工 (四级)，4 高级工 (三级)，5 技师 (二级)，6 高级技师 (一级)
现在月收入	连续变量

(二) 模型分析结果

利用新生代农民工的性别、户籍、代际、就业状态、婚姻状况、文化程度、所在单位性质、从事行业、职业资格证书以及现在月收入等变量建立 CHAID 决策树模型以预测新生代农民工职业教育投资意愿的结果。模型汇总结果显示,文化程度、从事行业、现在月收入、所在单位性质和户籍五个指定的自变量被保留在了模型中,其他变量对模型无显著作用,被自动从最终的模型中删除 (见表 4 – 10)。

表 4 – 10　　　　　　　　　　　模型汇总

	增长方法	CHAID
指定	因变量	Q32 是否愿意参加职业教育
	自变量	Q1 性别, Q2 户籍, Q3.1 代际, Q4 就业状态, Q5 婚姻状态, Q6 文化程度, Q7 所在单位性质, Q8 从事行业, Q10 职业资格证书, Q37.1 现在月收入
	验证	无
	最大树深度	3
	父节点中的最小个案	100
	子节点中的最小个案	50
结果	自变量已包括	Q8 从事行业, Q6 文化程度, Q37.1 现在月收入, Q7 所在单位性质, Q2 户籍
	节点数	14
	终端节点数	8
	深度	3

树形图是树模型的图形表示形式,具体如图 4 – 1 所示。

因变量新生代农民工职业教育投资意愿按照影响因素贡献大小依次拆分,第一层最大,逐层减少。如果在某节点不存在统计学差异的拆分,则停止分枝。由图 4 – 1 可以看出,最终生成的决策树有 6 个父节点,8 个子节点,树深度为 3,从事行业、文化程度、现在月收入、所在单位性质和户籍为北京地区新生代农民工职业教育投资意愿的影响因素。第一层为从事行业,其对新生代农民工职业教育投资意愿的影响最大。这一层中,从

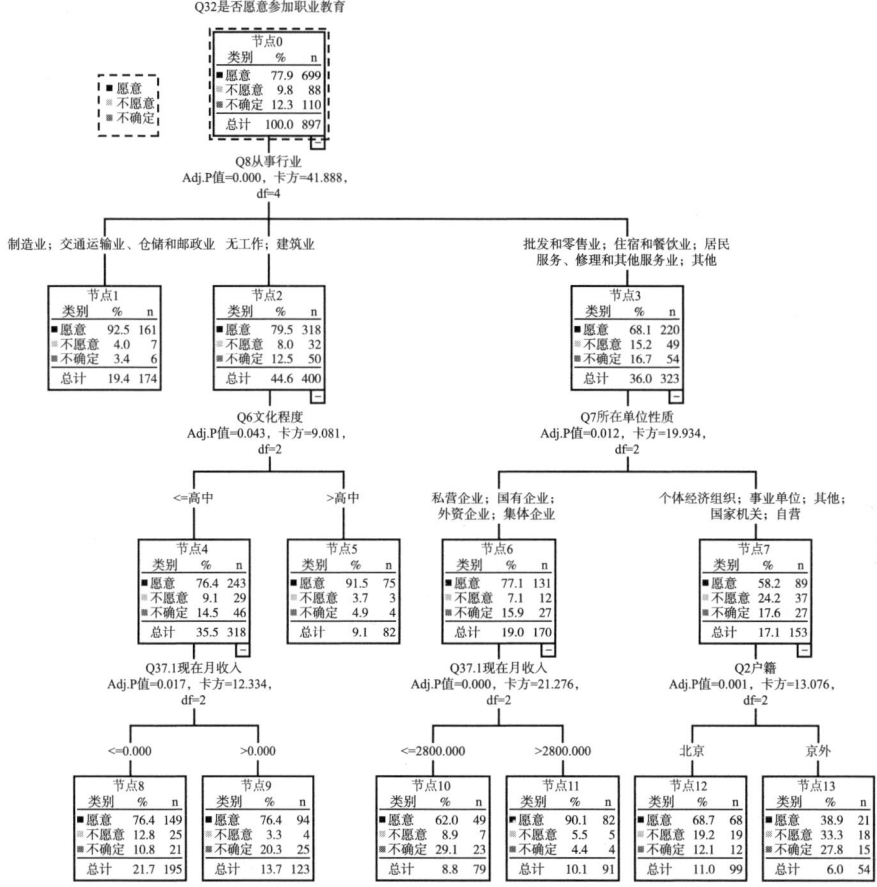

图4-1　新生代农民工职业教育投资意愿决策树

事制造业以及交通运输业、仓储和邮政业的新生代农民工参加职业教育投资的意愿最高，其次是建筑业和没有工作的农民工，从事其他行业的新生代农民工进行职业教育投资的意愿较低。对于从事建筑业和无工作的新生代农民工，第二层文化程度中，具有高中以上文化程度（不含高中）的新生代农民工的职业教育投资意愿要高一些。对于从事批发和零售业、住宿和餐饮业以及居民服务、修理和其他服务业与其他行业的新生代农民工，第二层单位性质中，在私营企业、国有企业、外资企业和集体企业工作的农民工，其进行职业教育投资的意愿相对较高。对于高中及以下文化程度的新生代农民工，第三层现在月收入中，有工资收入与无工资收入的新生代农民工相比，愿意参加职业教育投资比例无差别，但不愿意投资的比例相对低一些。对于在私营企业、国有企业、外资企业和集体企业工作的新生代农民工，第三层现在月收入中，月收入水平大于2800元的农民工，其进行职业教育投资的意愿高于收入水平小于2800元的农民工。对于在事业单位、国家机关、个体经济组织、自营、其他单位工作和无工作的农民工，第三层户籍中，京籍新生代农民工参加职业教育投资的意愿远高于非京籍农民工。

由此生成如下8个规则。

（1）如果（从事行业＝制造业，或者行业＝交通运输业、仓储和邮政业），则 pre＝愿意，pro＝0.925287。

（2）如果（从事行业≠制造业，同时从事行业≠交通运输业、仓储和邮政业，同时从事行业≠批发和零售业，同时从事行业≠住宿和餐饮业，同时从事行业≠居民服务、修理和其他服务业，同时从事行业≠其他行业）同时（文化程度≤高中）同时（现在月收入≤0），则 pre＝愿意，pro＝0.764103。

（3）如果（从事行业≠制造业，同时从事行业≠交通运输业、仓储和邮政业，同时从事行业≠批发和零售业，同时从事行业≠住宿和餐饮业，同时从事行业≠居民服务、修理和其他服务业，同时从事行业≠其他行业）同时（文化程度≤高中）同时（现在月收入＞0），则 pre＝愿意，pro＝0.764228。

（4）如果（从事行业≠制造业，同时从事行业≠交通运输业、仓储和邮政业，同时从事行业≠批发和零售业，同时从事行业≠住宿和餐饮业，同时从事行业≠居民服务、修理和其他服务业，同时从事行业≠其他行业）同时（文化程度＞高中），则 pre＝愿意，pro＝0.914634。

（5）如果（从事行业＝批发和零售业，或者从事行业＝住宿和餐饮业，或者从事行业＝居民服务、修理和其他服务业，或者从事行业＝其他行业）同时（所在单位性质≠个体经济组织，同时所在单位性质≠事业单位，同时所在单位性质≠国家机关，同时所在单位性质≠自营，同时所在单位性质≠其他性质单位）同时（现在月收入≤2800元），则 pre＝愿意，pro＝0.620253。

（6）如果（从事行业＝批发和零售业，或者从事行业＝住宿和餐饮业，或者从事行业＝居民服务、修理和其他服务业，或者从事行业＝其他行业）同时（所在单位性质≠个体经济组织，同时所在单位性质≠事业单位，同时所在单位性质≠国家机关，同时所在单位性质≠自营，同时所在

单位性质 ≠ 其他性质单位）同时（现在月收入 > 2800 元），则 pre = 愿意，pro = 0.901099。

（7）如果（从事行业 = 批发和零售业，或者从事行业 = 住宿和餐饮业，或者从事行业 = 居民服务、修理和其他服务业，或者从事行业 = 其他行业）同时（所在单位性质 = 个体经济组织，或者所在单位性质 = 事业单位，或者所在单位性质 = 国家机关，或者所在单位性质 = 自营，或者所在单位性质 = 其他性质单位）同时（户籍 ≠ 京外），则 pre = 愿意，pro = 0.686869。

（8）如果（从事行业 = 批发和零售业，或者从事行业 = 住宿和餐饮业，或者从事行业 = 居民服务、修理和其他服务业，或者从事行业 = 其他行业）同时（所在单位性质 = 个体经济组织，或者所在单位性质 = 事业单位，或者所在单位性质 = 国家机关，或者所在单位性质 = 自营，或者所在单位性质 = 其他性质单位）同时（户籍 = 京外），则 pre = 愿意，pro = 0.388889。

模型的风险估计表（见表 4 - 11）和分类预测表（见表 4 - 12）提供了如下模型运行状况的快速评估。

（1）0.221 的风险估计值表明，该模型所预测类别的个案错误率为22.1%，因此对新生代农民工参与职业教育投资意愿进行误分类的风险约为22%。

（2）分类预测表中的结果与风险估计一致，该表显示模型对约77.9% 的新生代农民工参与职业教育投资的意愿进行了正确的分类。尤其对于愿意参与职业教育投资的新生代农民工，对 100% 的调查对象进行了正确分类。

分类预测表揭示了此模型的一个潜在问题，对于不愿意和不确定参加职业教育投资的新生代农民工，此模型的正确预测率均为 0%，表明这两类被调查群体都被错误地归类于愿意参加职业教育投资的农民工。鉴于在被调查对象中 77.9% 的新生代农民工表示愿意参加职业教育投资，因此，模型的分类结果具有一定可靠性和合理性。

表 4 - 11　　　　　　　　　　　风险估计

估计	标准误差
0.221	0.014

表 4 – 12　　　　　　　　　　　　分类预测

已观测	已预测			
	愿意	不愿意	不确定	正确%
愿意	699	0	0	100.0
不愿意	88	0	0	0.0
不确定	110	0	0	0.0
总计%	100.0	0	0	77.9

综合上述决策树的分析结果，我们可以得到：（1）从事建筑业以及交通运输业、仓储和邮政业的新生代农民工更愿意参加职业教育投资；（2）从事建筑业且受教育程度在高中以上的新生代农民工参与职业教育投资的意愿很高；（3）从事批发和零售业、住宿和餐饮业以及居民服务、修理和其他服务业的新生代农民工中，若其所在的工作单位是国有企业、外资企业、集体企业和私营企业，且月收入在 2800 元以上时，其参与职业教育投资的意愿很高；（4）没有工作或者暂时没有工资收入的新生代农民工其培训投资意愿也较高。

第三节　北京地区新生代农民工培训投资意愿的影响因素分析

一、北京地区新生代农民工培训投资意愿及其差异性比较分析

（一）北京地区新生代农民工的培训投资意愿

从调查结果来看，北京地区大部分新生代农民工未来都愿意参加培训，但整体培训意愿略低于老一代农民工。其中，72.7% 的新生代农民工表示未来愿意参加培训，10.9% 的新生代农民工表示不确定，还有 16.4% 的新生代农民工表示不愿意参加培训投资，如表 4 – 13 所示。

表 4 – 13　　　　　　　　　　未来参加培训的意愿　　　　　　　　单位：%

参加意愿	全部	新生代	老一代
愿意	75.5	72.7	77.7
不愿意	13.7	16.4	11.5
不确定	10.8	10.9	10.8
合计	100.0	100.0	100.0

进一步调查了解到，"工作太累，没有精力""对培训不了解"以及"工作不需要"是新生代农民工不愿意或不确定参加培训的主要原因（见表 4 – 14）。新生代农民工不愿意或不确定参加培训的原因很多，排名靠前的依次是"工作太累，没有精力"（27.4%）、"对培训不了解"（20.6%）以及"工作不需要"（20.6%）。而老一代农民工不愿意或不确定参加培训的主要原因则是"怕自己学不会"（20.2%）。这可能有以下几个原因：一是新生代农民工年富力强，通常承担了较繁重的工作，使得他们没有太多精力和时间参加培训；二是新生代农民工对相关培训的了解有限，缺乏了解培训的渠道；三是部分新生代农民工还没充分认识到培训的重要性，多从目前所从事的工作需要的角度出发考虑是否参加培训，缺乏对培训和自身职业发展的正确认识，同时也担心学习后没有多大作用，反而浪费时间和金钱。但也可以看出，他们对自身的学习充满信心，只要想学还是能够学会的。

表 4 – 14　　　　　　不愿意或不确定参加培训的主要原因　　　　　单位：%

不愿意或不确定 参加培训原因	新生代农民工		老一代农民工	
	响应	个案	响应	个案
A. 找工作很容易，没想过要培训	6.3	9.7	8.6	13.3
B. 对培训不了解	13.4	20.6	11.6	17.8
C. 怕自己学不会	3.9	6.0	13.1	20.2
D. 未得到有关培训的信息	4.7	7.3	7.7	11.8
E. 工作不需要	13.4	20.6	4.9	7.5
F. 培训对提高技能没帮助	6.3	9.7	4.4	6.7

续表

不愿意或不确定 参加培训原因	新生代农民工		老一代农民工	
	响应	个案	响应	个案
G. 培训对增加工资、未来发展没帮助	6.6	10.1	7.0	10.8
H. 培训时间和工作时间冲突	7.9	12.1	8.9	13.7
I. 需要个人支付的培训费用太高	3.1	4.8	3.9	6.0
J. 不了解培训班，不敢轻易参加	6.6	10.1	5.3	8.2
K. 没有人指导，不知道学什么好	2.4	3.6	2.7	4.1
L. 怕自己坚持不下来，浪费时间和钱	3.7	5.6	5.5	8.4
M. 培训地点太远，不方便	2.6	4.0	5.5	8.4
N. 工作太累，没有精力	17.8	27.4	5.6	8.7
O. 其他	1.3	2.0	5.3	8.2
合计	100.0	153.6	100.0	153.8

（二）北京地区新生代农民工培训意愿的差异性比较分析

第一，从户籍角度来看，调查结果显示，京籍新生代农民工参加培训的意愿高于非京籍人员（见表4-15）。其中，75.9%的京籍人员未来愿意参加培训，而非京籍中只有66.9%的人员未来愿意参加培训。这一方面与京籍新生代农民工的文化程度较高，其参与培训的意愿也较强烈有关，另一方面也与北京市相关政府部门对京籍农民工培训的大力支持有关。

表4-15　　　　　　　不同户籍新生代农民工参加培训的意愿

		培训意愿			合计
		愿意	不愿意	不确定	
京籍	户籍中的%	75.9	12.6	11.5	100.0
非京籍	户籍中的%	66.9	23.3	9.8	100.0
卡方检验		Pearson 卡方值 = 12.589，渐进 Sig.（双侧）= 0.002（1% 水平下显著）			

第二，从婚姻状况来看，处于不同婚姻状态的新生代农民工未来参加培训的意愿有所差异（见表4—16）。未婚和已婚的新生代农民工未来参加培训的意愿高于其他婚姻状态的农民工，未婚人员未来愿意参加培训的比例为78.7%，已婚人员未来愿意参加培训的比例为71.6%；离异的新生代农民工的这一比例为56.5%；丧偶的新生代农民工的这一比例最低，仅为25.0%。这与其未获得职业资格证书的分布比例大体一致，后两者大多已经获得了职业资格证书，因此参加培训的动力不足。

表4—16　　　　　不同婚姻状态下新生代农民工参加培训的意愿

婚姻状态		培训意愿			合计
		愿意	不愿意	不确定	
已婚	婚姻状态中的%	71.6	15.9	12.5	100.0
未婚	婚姻状态中的%	78.7	14.2	7.1	100.0
离异	婚姻状态中的%	56.5	21.7	21.8	100.0
丧偶	婚姻状态中的%	25.0	50.0	25.0	100.0
卡方检验		Pearson 卡方值 = 14.286，渐进 Sig.（双侧）= 0.027（5% 水平下显著）			

第三，从受教育程度来看，学历层次不同，新生代农民工未来参加培训的意愿也有所差别。总体来看，学历越高，新生代农民工未来参加培训的意愿越强烈（见表4—17）。其中本科及以上学历的新生代农民工未来愿意参加培训的比例最高，为86.4%；其次是大专和高中学历的新生代农民工，这一比例分别为73.8%和72.8%；初中学历的新生代农民工未来愿意参加培训的比例为68.3%；而小学及以下学历的新生代农民工未来愿意参加培训的比例最低，仅为46.7%。

表4—17　　　　不同文化程度的新生代农民工未来参加培训的意愿

文化程度		参加培训			合计
		愿意	不愿意	不确定	
小学及以下	文化程度中的%	46.7	33.3	20.0	100.0
初中	文化程度中的%	68.3	23.0	8.7	100.0
高中	文化程度中的%	72.8	15.5	11.7	100.0

续表

文化程度		参加培训			合计
		愿意	不愿意	不确定	
大专	文化程度中的%	73.8	12.4	13.8	100.0
本科及以上	文化程度中的%	86.4	5.6	8.0	100.0
卡方检验		Pearson 卡方值 = 23.357，渐进 Sig.（双侧）= 0.003（1% 水平下显著）			

第四，从所在工作单位的性质来看，就职于不同性质的单位的新生代农民工未来参加培训的意愿差异显著（见表4－18）。其中，在国有企业工作的新生代农民工未来愿意参加培训的比例最高，为87.7%；事业单位的比例次之，为85.5%；外资企业、集体企业、国家机关、私营企业的比例基本接近，分别为75.6%、75.0%、73.9%和70.5%；处于个体经济组织和自营状态的新生代农民工未来愿意参加培训的比例最低。这与培训效果评价的调查结果相似，新生代农民工对培训效果越满意，其越愿意继续参加培训。

表4－18　　　不同单位性质的新生代农民工未来参加培训的意愿

单位分类		培训意愿			合计
		愿意	不愿意	不确定	
国有企业	单位性质中的%	87.7	5.3	7.0	100.0
事业单位	单位性质中的%	85.5	10.1	4.4	100.0
国家机关	单位性质中的%	73.9	21.7	4.4	100.0
外资企业	单位性质中的%	75.6	7.3	17.1	100.0
私营企业	单位性质中的%	70.5	17.6	11.9	100.0
集体企业	单位性质中的%	75.0	10.0	15.0	100.0
个体经济	单位性质中的%	66.1	20.9	13.0	100.0
自营	单位性质中的%	54.7	30.2	15.1	100.0
其他	单位性质中的%	87.0	6.5	6.5	100.0
卡方检验		Pearson 卡方值 = 36.273，渐进 Sig.（双侧）= 0.003（1% 水平下显著）			

第五，从行业角度来看，从事不同行业的新生代农民工未来参加培训的意愿也有差别（见表4－19）。其中，制造业，建筑业，居民服务、修理和其他服务业，交通运输业、仓储和邮政业的新生代农民工未来愿意参加培训的比例较高，分别为79.5%、74.5%、72.2%和70.5%；批发和零售业、住宿和餐饮业的新生代农民工未来愿意参加培训的比例相对较低，分别为67.8%和60.6%，如前所述，新生代农民工所从事行业的技术要求会直接影响他们参加培训的积极性。

表4－19　　　　不同行业的新生代农民工未来参加培训的意愿

行业分类		参加培训			合计
		愿意	不愿意	不确定	
制造业	行业中的%	79.5	10.2	10.3	100.0
建筑业	行业中的%	74.5	14.9	10.6	100.0
交通运输业、仓储和邮政业	行业中的%	70.5	25.0	4.5	100.0
批发和零售业	行业中的%	67.8	10.3	21.9	100.0
住宿和餐饮业	行业中的%	60.6	27.7	11.7	100.0
居民服务、修理和其他服务业	行业中的%	72.2	16.5	11.3	100.0
其他	行业中的%	88.6	3.8	7.6	100.0
卡方检验	Pearson 卡方值 = 44.742，渐进 Sig.（双侧）= 0.000（1%水平下显著）				

第六，从处于不同岗位类型的角度来看，新生代农民工未来参加培训的意愿有一定差异（见表4－20）。管理人员未来参加培训的意愿最强烈，所占比例为83.1%；普通办事人员、专业技术人员、生产线工人、建筑工人、商业人员未来愿意参加培训的比例基本接近，分别为79.7%、77.7%、75.5%、74.0%、72.3%；运输工人和服务业人员未来愿意参加培训的比例最低，仅为62.2%和64.4%。这也与培训效果评价的结果相一致。

表4-20　　　　不同岗位类型的新生代农民工未来参加培训的意愿

岗位分类		培训意愿			合计
		愿意	不愿意	不确定	
管理人员	岗位类型中的%	83.1	8.4	8.5	100.0
专业技术人员	岗位类型中的%	77.7	12.8	9.5	100.0
普通办事人员	岗位类型中的%	79.7	8.5	11.8	100.0
商业人员	岗位类型中的%	72.3	19.1	8.6	100.0
运输工人	岗位类型中的%	62.2	35.1	2.7	100.0
服务业人员	岗位类型中的%	64.4	21.5	14.1	100.0
建筑工人	岗位类型中的%	74.0	18.0	8.0	100.0
生产线工人	岗位类型中的%	75.5	12.2	12.3	100.0
其他	岗位类型中的%	89.4	1.5	9.1	100.0
卡方检验		Pearson 卡方值 = 39.047，渐进 Sig.（双侧）= 0.001（1%水平下显著）			

二、北京地区新生代农民工培训投资意愿影响因素的实证分析

（一）变量提取

1. 被解释变量

如前所述，本研究通过调查新生代农民工"未来是否愿意参加培训"来反映其进行培训投资的意愿，将投资意愿分为"愿意""不愿意"和"不确定"三类，并以"是否愿意参加培训"作为被解释变量。

2. 解释变量

根据前文的理论分析，本研究引入的解释变量以及北京地区新生代农民工培训投资意愿影响因素涉及的变量如表4-21所示。

表4-21　　　　　　　　培训投资意愿解释变量

变量名称	变量属性与取值范围
性别	离散：1男，2女

续表

变量名称	变量属性与取值范围
户籍	离散：1 北京，2 京外
代际	离散：1（90 前），2（90 后）
婚姻状态	离散：1 已婚，2 未婚，3 离异，4 丧偶
文化程度	离散：1 小学及以下，2 初中，3 高中（包括职业高中、中专、技校），4 大专，5 本科及以上
所在单位性质	离散：1 国有企业，2 事业单位，3 国家机关，4 外资企业，5 私营企业，6 集体企业，7 个体经济组织，8 自营，9 其他，10 无工作
从事行业	离散：1 制造业，2 建筑业，3 交通运输业、仓储和邮政业，4 批发和零售业，5 住宿和餐饮业，6 居民服务、修理和其他服务业，7 其他，8 无工作
岗位类型	离散：1 管理人员，2 专业技术人员，3 普通办事人员，4 商业人员，5 运输工人，6 服务业人员，7 建筑工人，8 生产线工人，9 其他，10 无工作
职业资格证书	离散：1 没有取得，2 初级工（五级），3 中级工（四级），4 高级工（三级），5 技师（二级），6 高级技师（一级）
近 1 年参加培训次数	离散：0 没参加过，1 参加过 1 次，2 参加过 2 次，3 参加过 3 次以上
可接受的最高培训费用	离散：0 不参加培训；1 不花钱，只会参加免费培训；2 工资收入的五分之一或更少；3 工资收入的四分之一；4 工资收入的三分之一；5 工资收入的二分之一；6 维持基本生活外的所有收入；7 只要培训需要，举债都可以
现在月收入	连续变量

（二）模型分析结果

利用新生代农民工的性别、户籍、代际、婚姻状态、文化程度、岗位类型、所在单位性质、从事行业、职业资格证书、近 1 年参加培训次数、可接受的最高培训费用、现在月收入等变量建立 CHAID 决策树模型以预测新生代农民工培训投资意愿的结果。模型汇总结果显示（见表 4-22），可接受的最高培训费用、从事行业、文化程度、岗位类型、职业资格证书、现在月收入和近 1 年参加培训次数七个指定的自变量被保留在了模型中，其他变量对模型无显著作用，被自动从最终的模型中删除。

表 4 - 22 模型汇总

指定	增长方法	CHAID
	因变量	Q20 未来是否愿意参加培训
	自变量	Q1 性别，Q2 户籍，Q3.1 代际，Q4 就业状态，Q5 婚姻状态，Q6 文化程度，Q7 所在单位性质，Q8 从事行业，Q9 岗位类型，Q10 职业资格证书，Q11 近 1 年参加培训次数，Q29 可接受的最高培训费用，Q37.1 现在月收入
	验证	无
	最大树深度	3
	父节点中的最小个案	100
	子节点中的最小个案	50
结果	自变量已包括	Q29 可接受的最高培训费用，Q8 从事行业，Q6 文化程度，Q9 岗位类型，Q10 职业资格证书，Q11 近 1 年参加培训次数，Q37.1 现在月收入
	节点数	18
	终端节点数	11
	深度	3

树形图是树模型的图形表示形式，具体如图 4 - 2 所示。

因变量新生代农民工培训投资意愿按照影响因素贡献大小依次拆分，第一层最大，逐层减少。如果在某节点不存在统计学差异的拆分，则停止分枝。由图 4 - 2 可以看出，最终生成的决策树有 7 个父节点，11 个子节点，树深度为 3，可接受的最高培训费用、从事行业、文化程度、岗位类型、职业资格证书、近 1 年参加培训次和现在月收入为北京地区新生代农民工培训投资意愿的影响因素。第一层为可接受的最高培训费用，其对新生代农民工培训投资意愿的影响最大。这一层中，表示"不花钱，只会参加免费培训"的新生代农民工，未来参加培训投资的意愿最高，其次是可接受的最高培训费用大于 0 的新生代农民工，表示不参加培训的新生代农民工未来进行培训投资的意愿较低。对于不参加培训的新生代农民工，第二层从事行业中，无工作，从事制造业、批发和零售业以及其他行业的新生代农民工，其未来愿意和不愿意参加培训投资的比例持平；从事建筑业，交通运输业、仓储和邮政业，批发和零售业，住宿和餐饮业，居民服

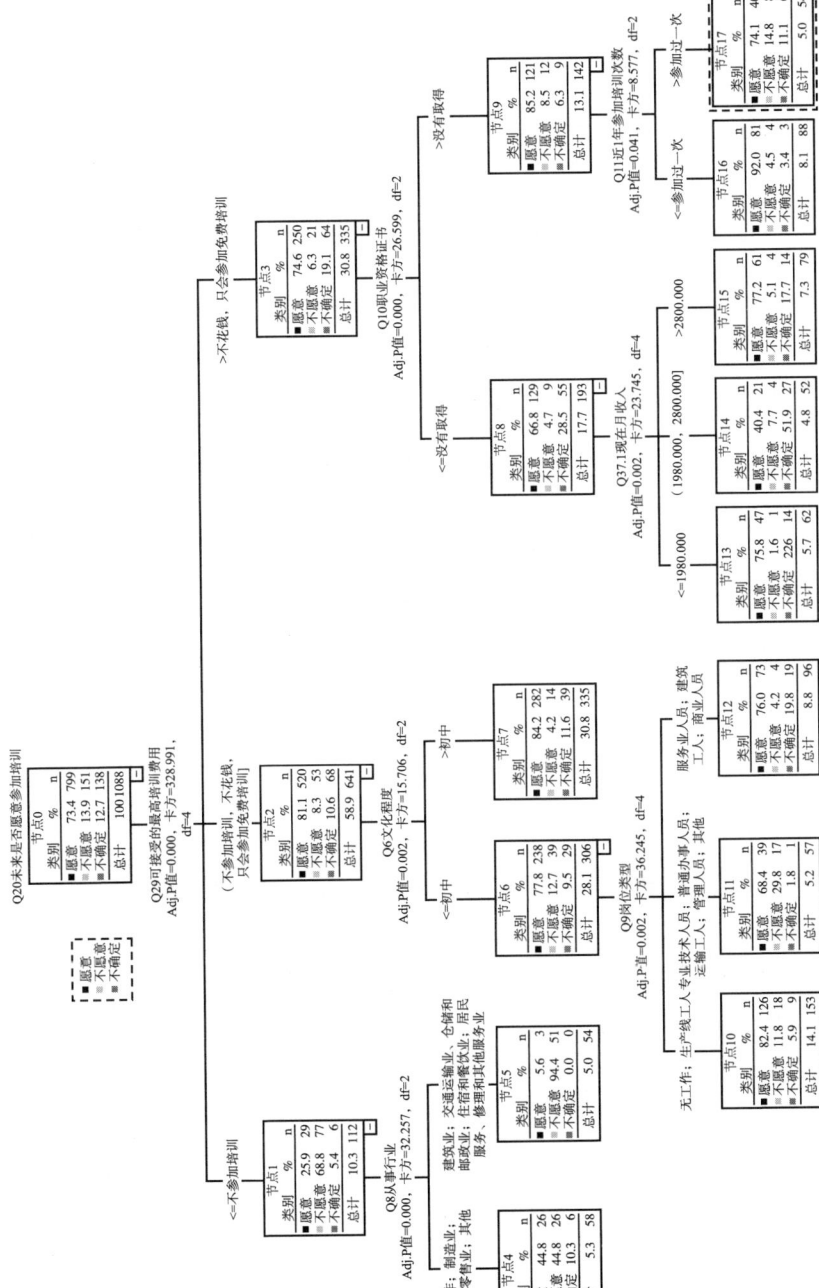

图4-2 新生代农民工培训投资意愿决策树

务、修理和其他服务业的新生代农民工未来不愿意参加培训投资的比例很高。对于"不花钱，只会参加免费培训"的新生代农民工，第二层文化程度中，学历为初中以上（不含初中）的新生代农民工，其进行培训投资的意愿相对较高。对于可接受的最高培训费用大于 0 的新生代农民工，第二层职业资格证书中，已经取得了一定等级职业资格证书的新生代农民工，其参加培训投资的愿意相比没有取得任何资格证书的农民工要高很多。对于初中及以下文化程度的新生代农民工，第三层岗位类型中，无工作的农民工和生产线工人参加培训投资的意愿相对较高，其次是服务业人员、建筑工人、商业人员，而专业技术人员、普通办事人员、运输工人、管理人员和其他岗位人员参加培训投资的意愿最低。对于没有取得任何职业资格证书的新生代农民工，第三层现在月收入中，月收入水平大于 2800 元的农民工，其进行培训投资的意愿最高，其次是月收入在 1980 元到 2800 元之间的农民工，月收入等于和低于 1980 元的农民工的参与意愿最低。对于已经取得一定等级职业资格证书的新生代农民工，第三层近 1 年参加培训次数中，没有参加过任何培训和参加过 1 次培训的新生代农民工，其参加培训投资的意愿远高于参加 2 次及以上培训的农民工。

由此生成如下 11 个规则。

（1）如果（可接受的最高培训费用 ≤ 0）同时（从事行业 ≠ 建筑业，同时从事行业 ≠ 交通运输业、仓储和邮政业，同时从事行业 ≠ 住宿和餐饮业，同时从事行业 ≠ 居民服务、修理和其他服务业），则 pre = 愿意，pro = 0.448276。

（2）如果（可接受的最高培训费用 ≤ 0）同时（从事行业 = 建筑业，或者从事行业 = 交通运输业、仓储和邮政业，或者从事行业 = 住宿和餐饮业，或者从事行业 = 居民服务、修理和其他服务业），则 pre = 不愿意，pro = 0.944444。

（3）如果（可接受的最高培训费用 ≤ "不花钱，只会参加免费培训"）同时（文化程度 ≤ 初中学历）同时（岗位类型 ≠ 专业技术人员，同时岗位类型 ≠ 普通办事人员，同时岗位类型 ≠ 服务业人员，同时岗位类型 ≠ 建筑工人，同时岗位类型 ≠ 运输工人，同时岗位类型 ≠ 管理人员，同时岗位类型 ≠ 商业人员，同时岗位类型 ≠ 其他），则 pre = 愿意，pro = 0.823529。

（4）如果（可接受的最高培训费用 ≤ "不花钱，只会参加免费培训"）同时（文化程度 ≤ 初中学历）同时（岗位类型 = 专业技术人员，或者岗位类型=普通办事人员，或者岗位类型=运输工人，或者岗位类型=管理人员，或者岗位类型=其他），则 pre=愿意，pro=0.684211。

（5）如果（可接受的最高培训费用≤"不花钱，只会参加免费培训"）同时（文化程度≤初中学历）同时（岗位类型=服务业人员，或者岗位类型=建筑工人，或者岗位类型=商业人员），则 pre=愿意，pro=0.760417。

（6）如果（可接受的最高培训费用≤"不花钱，只会参加免费培训"）同时（文化程度>初中学历），则 pre=愿意，pro=0.841791。

（7）如果（可接受的最高培训费用>0）同时（资格证书=没有取得职业资格证书）同时（月收入≤1980元），则 pre=愿意，pro=0.758065。

（8）如果（可接受的最高培训费用>0）同时（资格证书=没有取得职业资格证书）同时（1980元<月收入≤2800元），则 pre=不确定，pro=0.519231。

（9）如果（可接受的最高培训费用>0）同时（资格证书=没有取得职业资格证书）同时（月收入>2800元）则 pre=愿意，pro=0.772152。

（10）如果（可接受的最高培训费用>0）同时（资格证书>没有取得职业资格证书）同时（近1年参加培训次数≤1），则 pre=愿意，pro=0.920455。

（11）如果（可接受的最高培训费用>0）同时（资格证书>没有取得职业资格证书）同时（近1年参加培训次数>1），则 pre=愿意，pro=0.740741。

模型的风险估计表（见表4-23）和分类预测表（见表4-24）提供了如下模型运行状况的快速评估。

（1）0.216的风险估计值表明，该模型所预测类别的个案错误率为21.6%，因此对新生代农民工参与培训投资意愿进行误分类的风险约为22%。

（2）分类预测表中的结果与风险估计一致，该表显示模型对约78.4%的新生代农民工参与培训投资意愿进行了正确的分类。尤其对于愿意参与培训投资的新生代农民工，对其中97%的调查对象进行了正确分类。

分类预测表揭示了此模型的一个潜在问题，对于不愿意和不确定参加职业教育投资的新生代农民工，此模型的正确预测率分别为33.8%和19.6%，表明这两类被调查群体中分别有66.2%和80.4%的农民工意愿被错误地进行了分类。鉴于在被调查对象中78.4%的新生代农民工的投资意愿被正确进行了分类，因此模型的分类结果具有一定可靠性和合理性。

表4－23   风险估计

估计	标准误差
0.216	0.012

表4－24   分类预测

已观测	已预测			
	愿意	不愿意	不确定	正确%
愿意	775	3	21	97.0
不愿意	96	51	4	33.8
不确定	111	0	27	19.6
总计%	90.3	5.0	4.8	78.4

综合上述决策树的分析结果，我们可以得到：（1）愿意接受免费培训，且为生产线工人的新生代农民工未来参与培训投资的意愿较高；（2）愿意接受免费培训，且拥有初中以上学历的新生代农民工未来参与培训投资的意愿较高；（3）愿意承担一部分培训费用，且已经取得了一定等级的职业资格证书，同时近1年内参加培训次数不超过1次的新生代农民工，其未来参与培训投资的意愿很高；（4）不愿意承担任何培训费用，且从事建筑业，交通运输业、仓储和邮政业，住宿和餐饮业，居民服务、修理和其他服务业的新生代农民工，其未来参与培训投资的意愿很低。

第四节　北京地区新生代农民工迁移投资意愿的影响因素分析

一、北京地区新生代农民工迁移投资意愿及其差异性比较分析

如前所述，本研究所讨论的新生代农民工迁移投资主要是指投入一定

的成本支出来实现其在地域或产业间的转移与流动，通过变更就业环境与内容来满足个体偏好，从而实现更高的收益。对于农民工来说，其迁移投资行为主要表现为从家乡迁移到城市。鉴于本研究的调查对象均为已经在城市工作和生活的新生代农民工，因此我们将新生代农民工是否愿意留在城市工作和生活，用来反映其进行迁移投资的意愿，即用新生代农民工的留城意愿来衡量迁移投资意愿，留城包括留在北京或者转移到其他城市两种情况。

本研究设计了"未来 5 年内，您是否还在本市"的问题，以及"一定在""可能在""可能在其他城市""回乡""不确定"五个选项。凡是选择"一定在""可能在"和"可能在其他城市"这三项的农民工，我们都将其意愿界定为愿意留城；选择"回乡"的农民工，我们将其意愿界定为不愿意留城；选择"不确定"的农民工，我们将其意愿界定为不确定。从调查结果看，70.6% 的被调查者表示其在未来 5 年内愿意留在城市，22.3% 的被调查者表示要回乡，还有 7.1% 的被调查者表示不确定（见表 4-25）。可见，大部分新生代农民工未来还是愿意继续在城市工作和生活的。在愿意留城的农民工中，52.2% 的农民工表示会继续留在北京，18.4% 的农民工表示可能会迁移到其他城市。

表 4-25 未来留城的意愿

留城意愿	百分比（%）	累计百分比（%）
愿意	70.6	70.6
不愿意	22.3	92.9
不确定	7.1	100.0
合计	100.0	—

从不同文化程度的新生代农民工的留城意愿（见表 4-26）来看，具有大专及以上学历的新生代农民工留城意愿较高，相对较高的文化程度使得这部分农民工更适合城市发展对劳动力的需求，更容易在城市实现稳定就业，并且在城市的学习经历让他们更愿意在城市工作和生活，从而留城意愿较高。其次是具有初中文化程度的新生代农民工，他们对工作的期望值不高，使得他们也较容易在城市实现就业，并获得相比在老家工作更高的收入。小学及以下新生代农民工的留城意愿最低，他们的年龄在新生代

农民工中偏大，且学历低、缺乏职业技能，使得他们在城市中实现就业遇到了一定障碍，且随着年龄增长，落叶归根的想法也越加浓厚。

表4-26　　　　　　　不同文化程度的新生代农民工的留城意愿

文化程度		留城意愿			合计
		愿意	不愿意	不确定	
小学及以下	文化程度中的%	48.2	37.5	14.3	100.0
初中	文化程度中的%	71.3	23.0	5.7	100.0
高中	文化程度中的%	66.4	26.8	6.8	100.0
大专	文化程度中的%	84.4	8.3	7.3	100.0
本科及以上	文化程度中的%	74.8	18.4	6.8	100.0
卡方检验		Pearson 卡方值=28.350，渐进 Sig.（双侧）=0.000（1% 水平下显著）			

从不同行业的新生代农民工的留城意愿（见表4-27）来看，从事交通运输业、仓储和邮政业，住宿和餐饮业，居民服务、修理和其他服务业的新生代农民工留城意愿相对高一些，而从事建筑业、制造业、批发和零售业的新生代农民工留城意愿低一些。建筑业和制造业的工作较为辛苦，工作强度大，对新生代农民工的吸引力不大。

表4-27　　　　　　　不同行业的新生代农民工的留城意愿

行业分类		留城意愿			合计
		愿意	不愿意	不确定	
制造业	行业中的%	67.9	14.5	17.6	100.0
建筑业	行业中的%	64.1	32.7	3.2	100.0
交通运输业、仓储和邮政业	行业中的%	77.3	13.6	9.1	100.0
批发和零售业	行业中的%	68.6	24.4	7.0	100.0
住宿和餐饮业	行业中的%	75.3	23.5	1.2	100.0
居民服务、修理和其他服务业	行业中的%	72.4	25.3	2.3	100.0

续表

行业分类		留城意愿			合计
		愿意	不愿意	不确定	
其他	行业中的%	80.0	13.8	6.2	100.0
卡方检验		Pearson 卡方值 = 49.811，渐进 Sig.（双侧）= 0.000（1% 水平下显著）			

从不同岗位类型的新生代农民工的留城意愿（见表4-28）来看，管理人员、专业技术人员、普通办事人员、服务业人员的留城意愿相对较高，而建筑工人、运输工人、生产线工人的留城意愿较低，前者的工作条件、环境、待遇相对好一些，而后者的工作相对繁重和辛苦，这与从事不同行业的新生代农民工的留城意愿倾向相似。可见，在城市的工作状态对新生代农民工的留城意愿影响较大，相对体面和高质量的就业更能吸引新生代农民工在城市工作和生活。

表4-28   不同岗位类型的新生代农民工的留城意愿

岗位分类		留城意愿			合计
		愿意	不愿意	不确定	
管理人员	岗位类型中的%	81.0	12.1	6.9	100.0
专业技术人员	岗位类型中的%	73.7	15.3	11.0	100.0
普通办事人员	岗位类型中的%	77.6	18.4	4.0	100.0
商业人员	岗位类型中的%	66.7	22.2	11.1	100.0
运输工人	岗位类型中的%	61.1	28.7	10.2	100.0
服务业人员	岗位类型中的%	72.5	25.1	2.4	100.0
建筑工人	岗位类型中的%	61.0	28.0	11.0	100.0
生产线工人	岗位类型中的%	61.6	23.2	15.2	100.0
其他	岗位类型中的%	60.5	32.6	6.9	100.0
卡方检验		Pearson 卡方值 = 28.331，渐进 Sig.（双侧）= 0.005（1% 水平下显著）			

二、北京地区新生代农民工迁移投资意愿影响因素的实证分析

(一) 变量提取

1. 被解释变量

如前所述，本研究通过调查新生代农民工未来 5 年的留城意愿来反映其进行迁移投资的意愿，将投资意愿分为 "愿意" "不愿意" 和 "不确定" 三类，并以留城意愿作为被解释变量。

2. 解释变量

根据前文的理论分析，本研究引入的解释变量以及北京地区新生代农民工迁移投资意愿影响因素涉及的变量如表 4 - 29 所示。

表 4 - 29　　　　　　　　迁移投资意愿解释变量

变量名称	变量属性与取值范围
性别	离散：1 男，2 女
户籍	离散：1 北京，2 京外
婚姻状态	离散：1 已婚，2 未婚，3 离异，4 丧偶
文化程度	离散：1 小学及以下，2 初中，3 高中（包括职业高中、中专、技校），4 大专，5 本科及以上
从事行业	离散：1 制造业，2 建筑业，3 交通运输业、仓储和邮政业，4 批发和零售业，5 住宿和餐饮业，6 居民服务、修理和其他服务业，7 其他，8 无工作
岗位类型	离散：1 管理人员，2 专业技术人员，3 普通办事人员，4 商业人员，5 运输工人，6 服务业人员，7 建筑工人，8 生产线工人，9 其他，10 无工作
职业资格证书	离散：1 没有取得，2 初级工（五级），3 中级工（四级），4 高级工（三级），5 技师（二级），6 高级技师（一级）
城市工作年限	离散：1（1 年以内），2（1~2 年），3（3~5 年），4（5 年以上）
现在月收入	连续变量

(二) 模型分析结果

利用新生代农民工的性别、户籍、婚姻状况、文化程度、岗位类

型、从事行业、职业资格证书、城市工作年限、现在月收入等变量建立
CHAID 决策树模型以预测新生代农民工迁移投资意愿的结果。模型汇总
结果显示，从事行业、岗位类型、文化程度三个指定的自变量被保留在
了模型中，其他变量对模型无显著作用，被自动从最终的模型中删除，
如表 4-30 所示。

表 4-30　　　　　　　　　　　　　模型汇总

指定	增长方法	CHAID
	因变量	Q41 未来是否愿意留城
	自变量	Q1 性别，Q2 户籍，Q5 婚姻状况，Q6 文化程度，Q8 从事行业，Q9 岗位类型，Q10 职业资格证书，Q40 城市工作年限，Q37.1 现在月收入
	验证	无
	最大树深度	3
	父节点中的最小个案	100
	子节点中的最小个案	50
结果	自变量已包括	Q8 从事行业，Q9 岗位类型，Q6 文化程度
	节点数	10
	终端节点数	7
	深度	3

　　树形图是树模型的图形表示形式，具体如图 4-3 所示。
　　因变量新生代农民工迁移投资意愿按照影响因素贡献大小依次拆分，
第一层最大，逐层减少。如果在某节点不存在统计学差异的拆分，则停止
分枝。由图 4-3 可以看出，最终生成的决策树有 3 个父节点，7 个子节
点，树深度为 3，从事行业、岗位类型、文化程度为北京地区新生代农民
工迁移投资意愿的影响因素。第一层为从事行业，其对新生代农民工迁移
投资意愿的影响最大。这一层中，从事交通运输业、仓储和邮政业、其他
行业的新生代农民工，其迁移投资的意愿最高，从事其他行业的新生代农
民工的迁移投资意愿相对低一些。对于从事建筑业，居民服务、修理和其
他服务业，批发和零售业，住宿和餐饮业的新生代农民工，第二层岗位类
型中，管理人员、普通办事人员的迁移投资意愿最高，其次是专业技术人

员、商业人员和服务业人员，生产线工人、建筑工人、运输工人的迁移投资意愿较低。对于在服务人员岗位工作的新生代农民工，第三层文化程度中，具有初中以上文化程度的新生代农民工有较高的留城意愿。

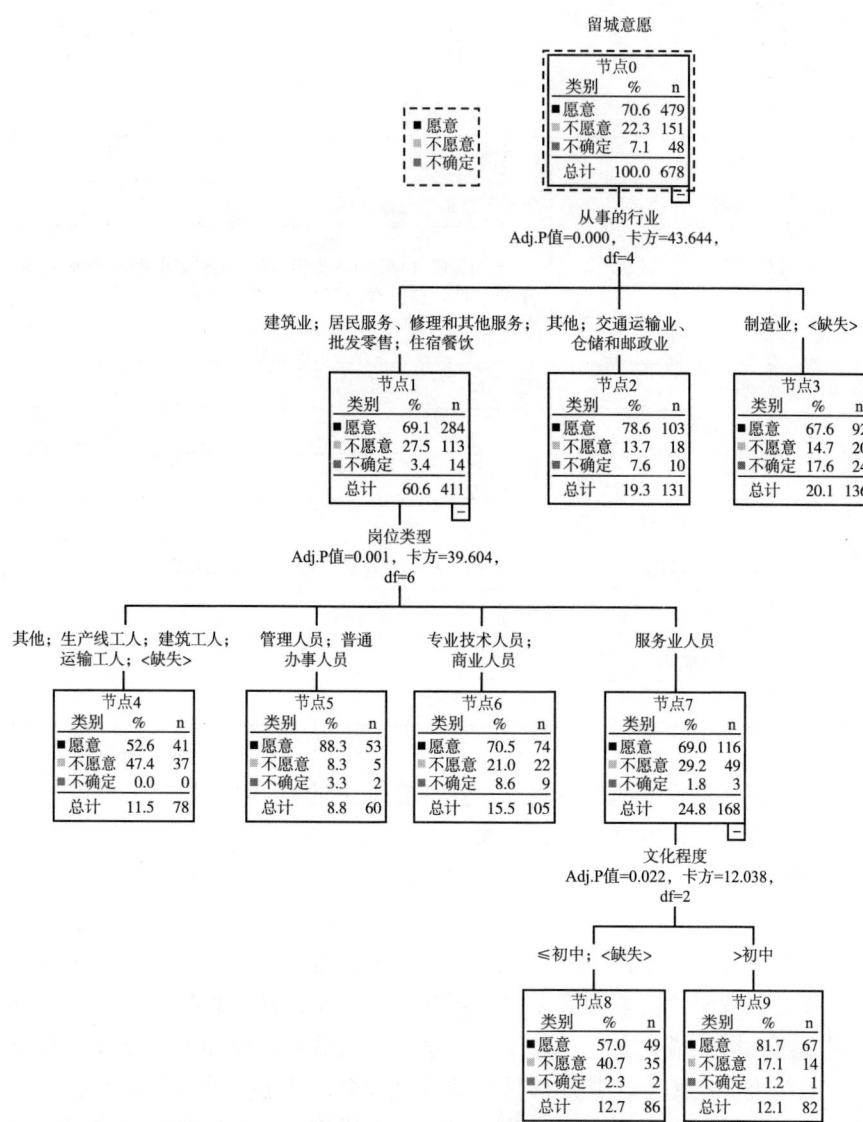

图 4-3　新生代农民工迁移投资意愿决策树

由此生成如下 7 个规则。

（1）如果（从事行业＝建筑业，或者从事行业＝居民服务、修理和其他服务业，或者从事行业＝批发和零售业，或者从事行业＝住宿和餐饮业）同时（岗位类型≠管理人员，同时岗位类型≠专业技术人员，同时岗位类型≠普通办事人员，同时岗位类型≠商业人员，同时岗位类型≠服务业人员），则 pre＝愿意，pro＝0.525641。

（2）如果（从事行业＝建筑业，或者从事行业＝居民服务、修理和其他服务业，或者从事行业＝批发和零售业，或者从事行业＝住宿和餐饮业）同时（岗位类型＝管理人员，或者岗位类型＝普通办事人员），则 pre＝愿意，pro＝0.883333。

（3）如果（从事行业＝建筑业，或者从事行业＝居民服务、修理和其他服务业，或者从事行业＝批发和零售业，或者从事行业＝住宿和餐饮业）同时（岗位类型＝专业技术人员，或者岗位类型＝商业人员），则 pre＝愿意，pro＝0.704762。

（4）如果（从事行业＝建筑业，或者从事行业＝居民服务、修理和其他服务业，或者从事行业＝批发和零售业，或者从事行业＝住宿和餐饮业）同时（岗位类型＝服务业人员）同时（文化程度≤初中），则 pre＝愿意，pro＝0.569767。

（5）如果（从事行业＝建筑业，或者从事行业＝居民服务、修理和其他服务业，或者从事行业＝批发和零售业，或者从事行业＝住宿和餐饮业）同时（岗位类型＝服务业人员）同时（文化程度＞初中），则 pre＝愿意，pro＝0.817073。

（6）如果（从事行业＝交通运输业、仓储和邮政业，或者从事行业＝其他行业），则 pre＝愿意，pro＝0.786260。

（7）如果（从事行业≠建筑业，同时从事行业≠居民服务、修理和其他服务业，同时从事行业≠其他行业，同时从事行业≠批发和零售业，同时从事行业≠住宿和餐饮业，同时从事行业≠交通运输业、仓储和邮政业），则 pre＝愿意，pro＝0.676471。

模型的风险估计表（见表 4－31）和分类预测表（见表 4－32）提供了以下模型运行状况的快速评估。

（1）0.294 的风险估计值表明，该模型所预测类别的个案错误率为 29.4%，因此对新生代农民工参与迁移投资意愿进行误分类的风险约为 29%。

（2）分类预测表中的结果与风险估计一致，该表显示模型对约 70.6% 的新生代农民工参与迁移投资意愿进行了正确的分类。尤其对于愿意参与迁移投资的新生代农民工，对 100% 的调查对象进行了正确分类。

分类预测表揭示了此模型的一个潜在问题，对于不愿意和不确定参与迁移投资的新生代农民工，此模型的正确预测率均为 0%，表明这两类被调查群体都被错误地归类为愿意参与迁移投资的农民工。鉴于在被调查对象中 70.6% 的新生代农民工表示愿意参与迁移投资，因此，模型的分类结果具有一定可靠性和合理性。

表 4-31   风险估计

估计	标准误差
0.294	0.017

表 4-32   分类预测

已观测	已预测			
	愿意	不愿意	不确定	正确%
愿意	479	0	0	100.0
不愿意	151	0	0	0.0
不确定	48	0	0	0.0
总计%	100.0	0.0	0.0	70.6

综合上述决策树的分析结果，我们可以得到：（1）在建筑业，居民服务、修理和其他服务业，批发和零售业，住宿和餐饮业中从事管理人员、普通办事人员、专业技术人员、商业人员工作的新生代农民工迁移投资意愿较高；（2）在建筑业、居民服务、修理和其他服务业，批发和零售业，住宿和餐饮业中从事服务业人员工作，且文化程度在初中学历以上的新生代农民工迁移投资意愿较高；（3）从事交通运输业、仓储和邮政业工作的新生代农民工迁移投资意愿较高。

第五节　北京地区新生代农民工健康投资意愿的影响因素分析

一、北京地区新生代农民工健康投资意愿及其差异性比较分析

参加社会保险是保障农民工权益的重要途径，特别是其中的工伤保险、医疗保险和养老保险具有比较突出的维护健康功能。本研究通过调查北京地区新生代农民工参加社会保险的情况来反映其健康投资意愿。

本研究设计了"您参加社会保险情况"的问题，以及"上了全部保险""上了部分保险""没上，但想参加""没上，也不想参加""不确定"五个选项。凡是选择"上了全部保险""上了部分保险"和"没上，但想参加"这三项的农民工，我们都将其意愿界定为愿意参保；选择"没上，也不想参加"的农民工，我们将其意愿界定为不愿意参保；选择"不确定"的农民工，我们将其意愿界定为不确定。从调查结果来看，80.5%的被调查者是愿意参加社会保险的，13.7%的被调查者表示不愿意参加，还有5.8%的被调查者表示不确定（见表4-33）。可见，大部分新生代农民工愿意通过参加社会保险来为自己提供相应保障。在愿意参保的农民工中，14.8%的农民工上了全部保险，35.8%的农民工上了一部分保险，29.9%的农民工虽然目前没有参加任何社会保险，但有参加社会保险的意愿。

表4-33　　　　　　　　　参加社会保险的意愿　　　　　　　单位：%

参保意愿	百分比	累计百分比
愿意	80.5	80.5
不愿意	13.7	94.2
不确定	5.8	100.0
合计	100.0	—

从不同性别的新生代农民工的参保意愿来看，女性农民工相比男性的

参保意愿更高（见表 4 - 34）。女性无论在体力和身体素质上都较男性要弱一些，并且女性比男性更加注重安全和保障，更希望通过参加社会保险来应对未来的不确定性。

表 4 - 34　　　　　　　不同性别的新生代农民工的参保意愿

性别分类		参保意愿			合计
		愿意	不愿意	不确定	
男性	性别中的%	77.4	14.5	8.1	100.0
女性	性别中的%	86.3	12.0	1.7	100.0
卡方检验		Pearson 卡方值 = 13.243，渐进 Sig.（双侧）= 0.001（1% 水平下显著）			

从不同文化程度的新生代农民工的留城意愿（见表 4 - 35）来看，具有本科及以上学历的农民工的参保意愿最高，其次是具有大专学历的农民工，再次是具有初中和高中学历的农民工，具有小学及以下学历的农民工的参保意愿最低。新生代农民工的学历越高，其参保意愿越高。学历高的新生代农民工对社会保险的作用认识更加到位，更重视通过参加社会保险来保障自己的权益。

表 4 - 35　　　　　　　不同文化程度的新生代农民工的参保意愿

文化程度		参保意愿			合计
		愿意	不愿意	不确定	
小学及以下	文化程度中的%	66.1	28.5	5.4	100.0
初中	文化程度中的%	78.7	13.6	7.7	100.0
高中	文化程度中的%	75.3	15.8	8.9	100.0
大专	文化程度中的%	88.5	9.4	2.1	100.0
本科及以上	文化程度中的%	93.8	5.2	1.0	100.0
卡方检验		Pearson 卡方值 = 31.057，渐进 Sig.（双侧）= 0.000（1% 水平下显著）			

二、北京地区新生代农民工健康投资意愿影响因素的实证分析

(一) 变量提取

1. 被解释变量

如前所述，本研究通过调查新生代农民工的参保意愿来反映其进行健康投资的意愿，将投资意愿分为"愿意""不愿意"和"不确定"三类，并以参保意愿作为被解释变量。

2. 解释变量

根据前文的理论分析，本研究引入的解释变量以及北京地区新生代农民工健康投资意愿影响因素涉及的变量如表 4－36 所示。

表 4－36　　　　　　　　健康投资意愿解释变量

变量名称	变量属性与取值范围
性别	离散：1 男，2 女
户籍	离散：1 北京，2 京外
婚姻状态	离散：1 已婚，2 未婚，3 离异，4 丧偶
文化程度	离散：1 小学及以下，2 初中，3 高中（包括职业高中、中专、技校），4 大专，5 本科及以上
从事行业	离散：1 制造业，2 建筑业，3 交通运输业、仓储和邮政业，4 批发和零售业，5 住宿和餐饮业，6 居民服务、修理和其他服务业，7 其他，8 无工作
岗位类型	离散：1 管理人员，2 专业技术人员，3 普通办事人员，4 商业人员，5 运输工人，6 服务业人员，7 建筑工人，8 生产线工人，9 其他，10 无工作
职业资格证书	离散：1 没有取得，2 初级工（五级），3 中级工（四级），4 高级工（三级），5 技师（二级），6 高级技师（一级）
城市工作年限	离散：1（1 年以内），2（1~2 年），3（3~5 年），4（5 年以上）
现在月收入	连续变量

(二) 模型分析结果

利用新生代农民工的性别、户籍、婚姻状态、文化程度、岗位类型、

从事行业、职业资格证书、城市工作年限、现在月收入等变量建立 CHAID 决策树模型以预测新生代农民工健康投资意愿的结果。模型汇总结果显示，只有文化程度和性别两个指定的自变量被保留在了模型中，其他变量对模型无显著作用，被自动从最终的模型中删除（见表 4 - 37）。

表 4 - 37 模型汇总

指定	增长方法	CHAID
	因变量	Q39 参保意愿
	自变量	Q1 性别，Q2 户籍，Q5 婚姻状态，Q6 文化程度，Q8 从事行业，Q9 岗位类型，Q10 职业资格证书，Q40 城市工作年限，Q37.1 现在月收入
	验证	无
	最大树深度	3
	父节点中的最小个案	100
	子节点中的最小个案	50
结果	自变量已包括	Q6 文化程度，Q1 性别
	节点数	6
	终端节点数	4
	深度	2

树形图是树模型的图形表示形式，具体如图 4 - 4 所示。

因变量新生代农民工健康投资意愿按照影响因素贡献大小依次拆分，第一层最大，逐层减少。如果在某节点不存在统计学差异的拆分，则停止分枝。由图 4 - 4 可以看出，最终生成的决策树有 2 个父节点，4 个子节点，树深度为 2，文化程度和性别为北京地区新生代农民工健康投资意愿的影响因素。第一层为文化程度，其对新生代农民工健康投资意愿的影响最大。这一层中，具有高中以上学历的新生代农民工，其健康投资的意愿最高，具有小学及以下学历的新生代农民工的健康投资意愿则较低。对于文化程度为初中和高中的新生代农民工，第二层性别中，女性农民工的健康投资意愿略高于男性农民工。

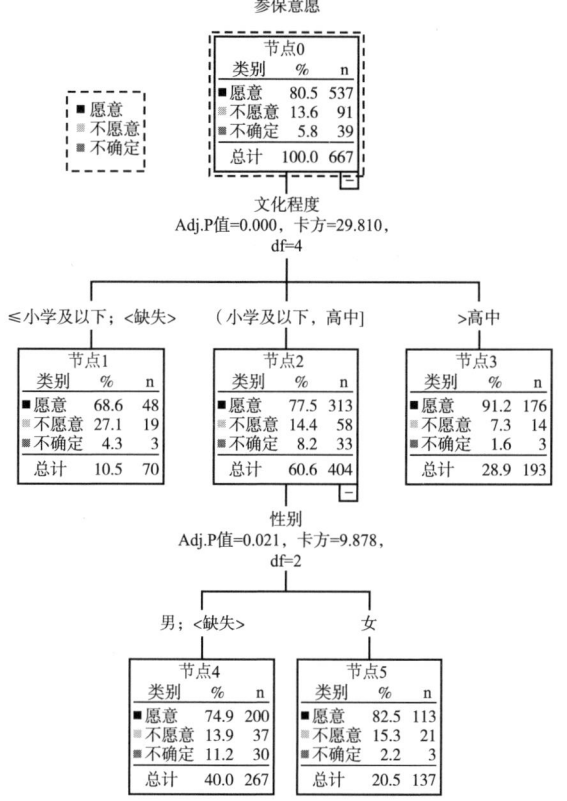

图4-4 新生代农民工健康投资意愿决策树

由此生成如下4个规则。

（1）如果（文化程度≤小学及以下学历），则 pre = 愿意，pro = 0.685714。

（2）如果（小学及以下学历＜文化程度≤高中学历）同时（性别≠女），则 pre = 愿意，pro = 0.749064。

（3）如果（小学及以下学历＜文化程度≤高中学历）同时（性别 = 女），则 pre = 愿意，pro = 0.824818。

（4）如果（文化程度＞高中学历），则 pre = 愿意，pro = 0.911917。

模型的风险估计表（见表4-38）和分类预测表（见表4-39）提供了如下模型运行状况的快速评估。

（1）0.195的风险估计值表明，该模型所预测类别的个案错误率为19.5%，因此对新生代农民工参与健康投资意愿进行误分类的风险约为 20%。

（2）分类预测表中的结果与风险估计一致，该表显示模型对约 80.5% 的新生代农民工参与健康投资意愿进行了正确的分类。尤其对于愿意参与健康投资的新生代农民工，对 100% 的调查对象进行了正确分类。

分类预测表揭示了此模型的一个潜在问题，对于不愿意和不确定参与健康投资的新生代农民工，此模型的正确预测率均为 0%，表明这两类被调查群体都被错误地归类于愿意参与健康投资的农民工。鉴于在被调查对象中 80.5% 的新生代农民工表示愿意参与健康投资，因此，模型的分类结果具有一定可靠性和合理性。

表 4 – 38　　　　　　　　　　　　风险估计

估计	标准误差
0.195	0.015

表 4 – 39　　　　　　　　　　　　分类预测

已观测	已预测			
	愿意	不愿意	不确定	正确（%）
愿意	537	0	0	100.0
不愿意	91	0	0	0.0
不确定	39	0	0	0.0
总计（%）	100.0	0	0	80.5

综合上述决策树的分析结果可知，文化程度为高中以上学历的新生代农民工有较高的健康投资意愿；具有初中和高中学历的新生代农民工，女性农民工的健康投资意愿较男性更高一些。

第五章

北京地区新生代农民工人力
资本投资政策评估

鉴于农民工在我国城镇化建设中必不可缺的作用，农民工的教育和培训投资一直受到党和政府的高度重视。农民工的人力资本投资始终离不开政府政策的支持。针对支持新生代农民工人力资本投资的政策均被涵盖在农民工的相关政策文件中。本章将通过梳理适用于北京地区新生代农民工的人力资本投资政策，并且根据问卷调查资料对新生代农民工在人力资本投资方面的政策需求和政策落实情况进行评价，为进一步提升北京地区新生代农民工人力资本存量以适应区域经济社会发展的需求奠定政策基础。

第一节　新生代农民工人力资本投资政策梳理

目前农民工人力资本投资的相关政策主要集中在教育和培训领域。从历年的"一号文件"到国务院、人力资源和社会保障部以及北京市相关政府部门的政策文件，均为北京地区新生代农民工人力资本的提升提供重要的政策保障。

一、中共中央"一号文件"关于农民工教育培训的政策

中共中央从 2004 年至今连续发布了以"三农"问题为主体的中央"一号文件"，其中多个文件涉及农民工培训投资的内容。

2004 年发布的中共中央"一号文件"《中共中央国务院关于促进农民增加收入若干政策的意见》明确提出，"城市政府要切实把对进城农民工

的职业培训、子女教育、劳动保障及其他服务和管理经费，纳入正常的财政预算，已经落实的要完善政策，没有落实的要加快落实"，首次把农民工职业培训及管理费用纳入正常的财政预算。

2005 年发布的中共中央"一号文件"《中共中央国务院关于进一步加强农村工作提高农业综合生产能力若干政策的意见》中提出，应"全面开展农民职业技能培训工作。要结合农业结构调整、发展特色农业和生产实际的需要，开展针对性强、务实有效、通俗易懂的农业科技培训"，适应产业结构升级和提高竞争力的需要，进一步搞好农民转业转岗培训工作，扩大"农村劳动力转移培训阳光工程"实施规模，加快农村劳动力转移。各级财政要大幅度增加农民职业技能培训投入，采取补助、培训券、报账制等方式，努力提高培训的实用性和资金的使用效率。首次提出了农民"培训券"的使用，政府部门更加重视培训资金的使用效率和落实培训效果。

2006 年发布的中共中央"一号文件"《中共中央国务院关于推进社会主义新农村建设的若干意见》倡导"大规模开展农村劳动力技能培训"。文件中明确提出，"扩大农村劳动力转移培训阳光工程实施规模，提高补助标准……加快建立政府扶助、面向市场、多元办学的培训机制"。并且再次强调各级财政要将农村劳动力培训经费纳入预算，不断增加投入。整合农村各种教育资源，发展农村职业教育和成人教育。

2007 年发布的中共中央"一号文件"《中共中央国务院关于积极发展现代农业扎实推进社会主义新农村建设的若干意见》再次强调，加大"阳光工程"等农村劳动力转移就业培训支持力度，进一步提高补贴标准，充实培训内容，创新培训方式，完善培训机制。并且要求"适应制造业发展需要，从农民工中培育一批中高级技工"。这是首次对农民工技能培训提出了级别的要求，鼓励用工企业和培训机构开展定向、订单培训。组织动员社会力量广泛参与农民转移就业培训。

2009 年发布的中共中央"一号文件"《中共中央国务院关于促进农业稳定发展农民持续增收的若干意见》要求输出地、输入地政府和企业都要加大投入，大规模开展针对性、实用性强的农民工技能培训。这表明农民工培训是一项系统工程，培训投资更是需要多方主体的共同参与才能取得明显效果。

2010 年发布的中共中央"一号文件"《中共中央国务院关于加大统筹城乡发展力度进一步夯实农业农村发展基础的若干意见》首次提出了"新

生代农民工"的概念，并且提出"逐步实施农村新成长劳动力免费劳动预备制培训"。同时要求"积极开展农业生产技术和农民务工技能培训，整合培训资源，规范培训工作"。

2016年发布的中共中央"一号文件"《中共中央国务院关于落实发展新理念加快农业现代化实现全面小康目标的若干意见》提出"加快培育新型职业农民"。并且将职业农民培育纳入国家教育培训发展规划，基本形成职业农民教育培训体系，把职业农民培养成建设现代农业的主导力量。

2017年发布的中共中央"一号文件"《关于深入推进农业供给侧结构性改革加快培育农业农村发展新动能的若干意见》中提出开发农村人力资源，并且重点围绕新型职业农民培育、农民工职业技能提升，整合各渠道培训资金资源，建立政府主导、部门协作、统筹安排、产业带动的培训机制。探索政府购买服务等办法，发挥企业培训主体作用，提高农民工技能培训的针对性和实效性。鼓励高等学校、职业院校开设乡村规划建设、乡村住宅设计等相关专业和课程，培养一批专业人才，扶持一批乡村工匠。

2018年发布的中共中央"一号文件"《中共中央国务院关于实施乡村振兴战略的意见》中提出开发农村人力资源，并且重点围绕促进农村劳动力转移就业和农民增收。健全覆盖城乡的公共就业服务体系，大规模开展职业技能培训，促进农民工多渠道转移就业，提高就业质量。

2019年发布的中共中央"一号文件"《关于坚持农业农村优先发展做好"三农"工作的若干意见》中提出要促进农村劳动力转移就业。落实更加积极的就业政策，加强就业服务和职业技能培训，促进农村劳动力多渠道转移就业和增收。

从多个年份的中共中央"一号文件"可以看出，国家高度重视农民工的教育培训，特别是持续开展多年的"阳光工程"。该工程2004～2005年重点支持粮食主产区，劳动力主要输出地区，贫困地区和革命老区开展短期职业技能培训，探索培训工作机制，为大规模开展培训奠定基础，培训农村劳动力500万人，年均培训250万人；2006～2010年，在全国大规模开展职业技能培训，建立健全农村劳动力转移培训机制，加大农村人力资源开发力度，培训农村劳动力3000万人，年均培训600万人；2010年以后，按照城乡经济社会协调发展的要求，把农村劳动力培训纳入国民教育体系，扩大培训规模，提高培训层次，使农村劳动力的科技文化素质总体上与我国现代化发展水平相适应。

二、国务院及相关部委颁布的相关政策

国务院及相关部委也分别出台了一系列涉及农民工教育培训的政策，其内容涉及农民工教育和培训的资金投入、扶持指导、培训方式及监督落实等诸方面的问题①。

2003 年 9 月，为了提高农民工素质，进一步促进农村劳动力向非农产业和城镇转移，农业部、劳动和社会保障部、教育部、科技部、建设部和财政部六部委联合出台《2003~2010 年全国农民工培训规划》（以下简称《规划》），农民工培训有了纲领性文件。该规划提出，在全面建设小康社会目标任务指引下，坚持政府扶持、齐抓共管，统筹规划、分步实施，整合资源、创新机制，按需施教、注重实效的基本原则，逐步扩大农民工的培训规模和提高培训质量的目标，重点是开展引导性培训和职业技能培训。《规划》还提出了推进农民工培训的具体措施，在加强组织领导方面提出建立农民工培训工作部际联席会议制度，研究解决农民工培训工作中的重大问题，编制培训计划、落实扶持政策，统筹规划、综合协调农民工培训工作；在资金投入方面提出政府、用人单位和农民工个人共同分担的投入机制，中央和地方各级财政在财政支出中安排专项经费扶持农民工培训工作，补贴农民工培训的经费要专款专用，提高使用效益；在农民工培训激励方面提出用人单位负责制度，用人单位开展农民工培训所需经费从职工培训经费中列支，并且可计入成本在税前列支，符合条件的教育培训机构均可申请使用农民工培训扶持资金，对参加培训的农民工实行补贴或奖励；在农民工培训服务方面提出加强农民工培训师资队伍建设、培训教材开发、培训信息服务和跟踪服务工作等。

为了更好地落实《规划》，农业部、财政部、劳动和社会保障部、教育部、科技部和建设部共同组织实施"农村劳动力转移培训阳光工程"（简称为"阳光工程"）。2004 年，六部委联合下发《关于组织实施农村劳动力转移培训阳光工程的通知》，农业部、财政部、劳动和社会保障部、教育部、科技部、建设部成立全国农村劳动力转移培训阳光工程指导小组，负责对各地组织实施阳光工程进行业务指导。六部委制定了《农村劳动力转移培训阳光工程项目管理办法（试行）》（以下简称《办法》），该

---

① 张胜军. 我国农民工培训政策的回顾 [J]. 成人教育，2012（19）：22 - 26.

《办法》明确指出阳光工程培训项目以短期的职业技能培训为重点，辅助开展引导性培训，培训时间为 15～90 天，职业技能培训以定点和定向培训为主，培训重点是家政服务、餐饮、酒店、保健、建筑、制造等用工量大的行业的职业技能。培训经费实行政府和农民个人共同分担的投入机制，财政安排的专项培训补助资金要直接让农民受益，可以采用培训券方式，也可以通过培训单位降低收费标准的方式来实施。

2006 年，国务院出台了《关于解决农民工问题的若干意见》（以下简称《意见》），提出了完善农民工培训补贴办法。该《意见》指出农民工是我国改革开放和工业化、城镇化进程中涌现的新型劳动大军，他们的户籍仍在农村，主要从事非农产业，已成为产业工人的重要组成部分，应该充分认识解决好农民工问题的重大意义。农民工培训方面应"加强农民工职业技能培训。各地要适应工业化、城镇化和农村劳动力转移就业的需要，大力开展农民工职业技能培训和引导性培训，提高农民转移就业能力和外出适应能力。扩大农村劳动力转移培训规模，提高培训质量。继续实施好农村劳动力转移培训阳光工程。完善农民工培训补贴办法，对参加培训的农民工给予适当培训费补贴。推广'培训券'等直接补贴的做法。充分利用广播电视和远程教育等现代手段，向农民传授外出就业基本知识。重视抓好贫困地区农村劳动力转移培训工作。支持用人单位建立稳定的劳务培训基地，发展订单式培训"。同时还应该落实农民工培训责任，大力发展面向农村的职业教育等。

2007 年，中央办公厅、国务院办公厅发布《关于加强农村实用人才队伍建设和农村人力资源开发的意见》（以下简称《意见》），该《意见》指出加强农村人力资源开发工作，就是要统筹城乡资源，通过学校教育、职业培训等方式，努力提高广大农村人口的综合素质和能力，不断促进农村人力资源的合理配置和使用。在农村劳动力转移培训方面，继续实施农村劳动力转移培训阳光工程、贫困地区农村劳动力转移培训雨露计划和农村劳动力转移培训计划。继续健全订单培训、定向培训等有效形式，提高农民转移培训的针对性和实效性。继续完善农民工培训补贴办法，试点实行"培训券"制度。

2008 年，教育部办公厅下发了《关于中等职业学校面向返乡农民工开展职业教育培训工作的紧急通知》，要求中等职业学校为返乡农民工提供职业技能培训，强调各地教育行政部门加强与农业、劳动、财政等部门的协调与合作。2009 年，教育部出台了《关于切实做好返乡农民工职业教育和培训等工作的通知》（以下简称《通知》），针对返乡农民工的教育和培训，该《通知》提出应努力招收返乡农民工接受中等职业教育，当年中等职业教育招生总规模扩大到860万人；积极主动开展返乡农民工的技能培训，推进教育部"农村劳动力转移培训计划"和"农村实用技术培训计划"的实施，力争培训规模达到9000万人次；切实落实开展返乡农民工职业教育和技能培训的学校；精心组织实施教育培训工作，开展订单培训和定向培训，提高返乡农民工择业竞争能力，开展职业技能培训，提高返乡农民工就业的适应能力，开展创业培训，提高返乡农民工的自主创业能力等。

2009年，为应对国际金融危机对我国就业局势的影响，人力资源社会保障部、财政部、国家发展改革委决定在2009~2010年联合实施特别职业培训计划。该计划以企业吸纳农民工培训、劳动预备制培训和创业培训为工作重点，对于在岗的农民工重点开展岗位培训和技能提升培训。企业吸纳进城求职的农村劳动者，并与其签订6个月以上期限劳动合同，在劳动合同签订之日起6个月内由企业依托所属培训机构或定点培训机构进行职业技能培训的，对企业给予一定的职业培训补贴。企业组织开展培训之前，应向人力资源社会保障部门提交培训计划大纲、录用农村劳动者花名册（应包括姓名、性别、年龄、籍贯、身份证号等基本信息）、劳动合同复印件、身份证复印件。培训结束后，企业凭继续履行劳动合同人员花名册、职业培训合格证书（职业技能资格证书），委托定点培训机构开展培训的还应提供职业培训机构开具的行政事业性收费票据（或税务发票）等，向当地人力资源社会保障部门申请职业培训补贴。人力资源社会保障部门审核、财政部门复核后，由财政部门将职业培训补贴资金直接拨入企业在银行开立的基本账户，同时将资金支付情况抄送人力资源社会保障部门。对未能继续升学的农村初高中毕业生（即"两后生"），鼓励其参加6~12个月（1~2个学期）的劳动预备制培训，提升技能水平和就业能力。对参加劳动预备制培训后取得初级以上职业资格证书的农村"两后生"，给予培训费补贴，逐步实施农村新成长劳动力免费劳动预备制培训。此外，还包括积极开展中短期实用技能培训、全面推进创业培训等。

2010年，国务院办公厅发布《关于进一步做好农民工培训工作的指导意见》（以下简称《指导意见》），为提高农民工技能水平和就业能力，对培训资金管理、企业培训和培训质量提出指导意见。该《指导意见》明确提出农民工培训工作纳入国民经济和社会发展规划，按照地方政府分级管理，职能部门各负其责，农民工工作协调机制统筹协调的原则，建立相互配合、有序运行的工作机制；根据企业和农民工的实际培训需要，整合培训资源，统筹安排、集中使用农民工培训资金。按照同一地区、同一工种补贴标准统一的原则，科学制定培训补贴基本标准，规范培训项目管理，严格监管培训资金使用；加大政府培训投入，增强培训能力，加强规范引导。发挥市场机制在资金筹措、培训机构建设、生源组织、过程监管、效果评价等方面的积极作用，鼓励行业、企业、院校和社会力量加强农民工培训；重点发挥企业和院校产学结合的作用，加强农民工职业技能培训、在岗技能提升培训、创业培训和农村实用技术培训。着力提升培训质量，使经过培训的农民工都能掌握一项实用技能，提高培训后的就业率。在培训资金管理方面，各省（区、市）要将农民工培训资金列入财政预算，进一步加大农民工培训资金投入，并按照统筹规划、集中使用、提高效益的要求，将中央和省级财政安排的各项农民工培训资金统筹使用，国家有关部门要依据新一轮全国农民工培训规划和年度计划，统筹安排农民工培训资金，对地方予以适当补助；各省（区、市）要进一步完善农民工培训补贴政策，科学合理地确定培训补贴基本标准；培训资金实行全过程监管。在发挥企业培训作用方面，提出应强化企业培训责任、发挥行业主导作用和落实企业培训资金。在培训质量方面，提出要逐步建立和完善农民工培训的政策法规，规范培训管理，加强绩效评估，严格培训结业考核和发证制度等。

2012 年，人力资源社会保障部、发展改革委、教育部、工业和信息化部、财政部、农业部、商务部联合制定了《促进就业规划（2011～2015年)》（以下简称《规划》）。该《规划》提出转移农业劳动力 4000 万人的发展目标，提出"健全面向城乡全体劳动者的职业培训制度"。紧密结合市场需求和就业要求，强化职业培训。统筹推动就业技能培训、岗位技能提升培训和创业培训，积极探索现代学徒制培训，加快构建劳动者终身职业培训体系，使城乡劳动者都能得到有针对性的培训，提升职业技能水平。加强培训管理，整合培训资源，健全社会化职业培训网络。依托一批具有较高培训质量、与就业紧密结合，并能在当地发挥示范带动作用的职业培训机构，建设职业技能实训基地。

2014 年，《国家新型城镇化规划（2014～2020 年)》（以下简称《规划》）发布，该《规划》提出农民工已成为我国产业工人的主体，农村劳动力在城乡间流动就业是长期现象，应完善公共就业创业服务体系。具体而言，主要包括：加强农民工职业技能培训，提高就业创业能力和职业素质；整合职业教育和培训资源，全面提供政府补贴职业技能培训服务；强化企业开展农民工岗位技能培训责任，足额提取并合理使用职工教育培训经费；鼓励高等学校、各类职业院校和培训机构积极开展职业教育和技能培训，推进职业技能实训基地建设；鼓励农民工取得职业资格证书和专项职业能力证书，并按规定给予职业技能鉴定补贴；加大农民工创业政策扶持力度，健全农民工劳动权益保护机制；实现就业信息全国联网，为农民工提供免费的就业信息和政策咨询。

2014 年，全国开展农民工职业技能提升计划，人力资源社会保障部制定了《农民工职业技能提升计划——"春潮行动"实施方案》（以下简称《方案》），大力开展以农村新成长劳动力为重点农村转移就业的职业技能培训，以提升劳动者职业素质和就业创业能力。该《方案》提出：到2020 年，力争使新进入人力资源市场的农村转移就业劳动者都有机会接受一次相应的就业技能培训；力争使企业技能岗位的农村转移就业劳动者得到一次岗位技能提升培训或高技能人才培训；力争使具备一定创业条件或已创业的农村转移就业劳动者有机会接受创业培训。其中，每年面向农村新成长劳动力和拟转移就业劳动者开展政府补贴培训 700 万人次，培训合格率达到 90% 以上，就业率达到 80% 以上；每年面向在岗农民工开展政府补贴培训 300 万人次，培训合格率达到 90% 以上；每年面向有创业意愿的农村转移就业劳动者开展创业培训 100 万人次，培训合格率达到 80% 以上，创业成功率达到 50% 以上。从培训内容看，主要包括就业技能培训、岗位技能提升计划、创业培训等。保障措施方面，要求：严格执行职业培训补贴和职业技能鉴定补贴政策，落实补贴资金；加大政府用于职业培训的各项资金的整合力度，具备条件的地区，统一纳入就业专项资金，提高资金使用效益；加大投入，调整就业专项资金支出结构，逐步提高职业培训支出比重；指导企业按照有关法律法规足额提取职工教育经费，增加企业在岗农民工培训经费投入，此外还强调加强培训监管和评估考核等。

2016 年，为了提升农民工学历层次、技术技能及文化素质，畅通其发展上升通道，教育部、中华全国总工会联合印发《农民工学历与能力提升行动计划——"求学圆梦行动"实施方案》（以下简称《方案》），实施农民工学历与能力提升行动计划。该《方案》提出到 2020 年，在有学历提升需求且符合入学条件的农民工中，资助 150 万名农民工接受学历继续教育，使每一位农民工都能得到相应的技术技能培训，能够通过学习免费开放课程提升自身素质与从业能力。具体来看，包括以下几点：一是提升农民工学历教育层次，提高专业技能，每年在全国范围资助 30 万农民工接受学历继续教育；二是提升岗位胜任能力，紧密对接经济社会发展和产业结构调整升级对人才的多样化需求，面向农民工开展技术技能培训，支撑和助推产业转型；三是提升创新创业能力，有针对性地开展创新创业培训，提高农民工创新创业意识和能力，推动"大众创业、万众创新"；四是提升综合素质，面向农民工开展包括社会主义核心价值观、职业生涯规划、基本权益保护、心理健康、安全生产、城市生活常识、疾病防治等的通识性素养培训，帮助农民工更好地融入城市生活；五是开放优质网络资源，充分利用现有资源及资源服务平台，搭建面向农民工开放优质网络学习资源的公共服务平台，建立线上线下相结合，非学历与学历教育并重，工作学习一体化的农民工继续教育新模式。

2017 年，农业部出台《"十三五"全国新型职业农民培育发展规划》（以下简称《规划》），该《规划》提出"建立专门政策机制，完善培育制度，强化培育体系，提升培育能力，通过培训提高一批、吸引发展一批、培养储备一批，加快构建一支有文化、懂技术、善经营、会管理的新型职业农民队伍，为农业现代化建设提供坚实的人力基础和保障"，到 2020年，"务农农民职业化程度明显提高；新型职业农民队伍总体文化素质、技能水平和经营能力显著改善"，"以公益性教育培训机构为主体、多种资源和市场主体有序参与的'一主多元'新型职业农民教育培训体系全面建立"。《规划》中提出将实施新型职业农民培训工程、新型职业农民学历提升工程和新型职业农民培育信息化建设工程。该《规划》将成立由农业部门牵头，教育、人力资源社会保障、财政等相关部门密切配合的工作机制，形成培育新型职业农民的合力，并且树立人才投资优先理念，建立健全政府主导的多元化投入机制。中央财政继续通过专项补助支持新型职业农民培育工作，各地也要加大投入，提高标准，实行差异化补助。要建立公益性农民培养制度，推动农民职业教育纳入国家职业教育助学政策范畴，鼓励农民通过"半农半读"等方式就地就近接受职业教育①。

2019 年 2 月，人社部印发《新生代农民工职业技能提升计划（2019～2022 年)》（以下简称《计划》），要求加强新生代农民工职业技能培训工作，促进农民工队伍技能素质全面提升。具体包括：（1）广泛开展就业技

---

① 元燕平. 新生代农民工职业培训共同体构建研究［D］. 福州：福建农林大学，2018.

能培训，促进转移就业。对在公共就业服务平台登记培训愿望的农民工，在1个月内提供相应的培训信息或统筹组织参加培训。（2）大力推进岗位技能提升培训，支持岗位成才。支持企业对农民工广泛开展技能培训，重点对新生代农民工开展岗前培训、企业新型学徒制培训、岗位技能提升培训、高技能人才培训等，进一步提高其就业稳定性。（3）精准开展技能扶贫培训，助力脱贫攻坚。（4）积极开展创业创新培训，培养创业带头人。重点对新生代农民工积极开展电子商务培训。（5）创新培训内容和方式，提高培训针对性有效性。根据制造业重点领域、现代服务业和乡村振兴对技能人才需要，以新生代农民工为重点，积极开展相关职业（工种）技能培训。（6）扩大培训供给，实行市场化社会化培训机制。（7）做好公共就业服务，实现培训就业一体化。

三、北京地区关于农民工教育培训的政策

除了中央和国家相关部委制定的政策文件，北京市委、市政府也对农民工的教育培训制定了一定数量的政策措施。北京地区特别重视职业培训能力的建设，早在1995年，北京市劳动局《关于对外地来京务工经商、从事家庭服务工作人员进行职业技能培训就业资格认定的通知》就提出，从事技术性工种岗位的务工人员、家庭服务员均需经过相应专业（工种）的职业技能培训，取得相应资格证书后方可就业。2003年，北京市劳动和社会保障局《关于做好外地进京务工人员职业培训服务工作的通知》，要求"企业、事业单位已招用的未取得国家《职业资格证书》的农民工，用人单位应利用本单位、本行业的职业培训机构或委托经劳动保障部门资质认定的职业技能培训机构对使用的农民工进行职业技能培训，取得相应《职业资格证书》后，方可上岗"。

2006年，北京市劳动和社会保障局、北京市财政局发布了《关于加强外来农民工职业技能培训工作有关问题的通知》（以下简称《通知》），正式启动外来农民工技能提升培训工程，利用中央财政补助资金，建立起外来农民工职业技能培训补贴制度。该《通知》提出将外来农民工职业技能培训纳入全市总体培训规划，各部门、用人单位应当进一步加强外来农民工职业技能培训工作。《通知》中将享受培训补贴的人员范围限定为"在法定劳动年龄内、户籍在外省市农村，与本市各类企业签订劳动合同并按规定缴纳了社会保险的从业人员以及北京市与外省市扶贫协作培训的

外来务工人员"，对按规定缴纳社会保险、无拖欠职工工资等违规用工记录的企业招用的外来农民工，其参加企业统一组织的职业技能培训，并取得五级、四级、三级（即：初级、中级、高级）国家职业资格证书的，由政府对承担培训工作的定点培训机构给予一次性职业培训补贴，具体补贴标准为：取得五级（初级）职业资格证书的补贴400元、取得四级（中级）职业资格证书的补贴500元、取得三级（高级）职业资格证书的补贴600元。为确保培训质量，北京市均选择优质的培训资源为农民工提供培训服务，首批培训机构从本市技工学校和区县职业技术学校中通过书面申请、材料综合评审予以选择认定。

2007年，北京市劳动和社会保障局、北京市财政局印发《关于加强外来农民工职业技能培训工作有关问题的补充通知》，从培训机构资质认定、培训层次、工作标准、补贴标准、享受补贴的条件、资金申请等各环节提出要求。具体来看，主要包括：被招用后稳定就业超过6个月的外来农民工个人，经用人单位同意，可以持单位推荐信和劳动合同，到定点培训机构报名参加技能培训，培训机构可以申请职业培训补贴；用人单位组织或农民工个人到定点培训机构参加《中华人民共和国职业分类大典》中尚未规定职业标准的职业（工种）培训，培训时间超过120学时、取得《北京市职业技能培训结业证书》的，可以享受每人400元的一次性职业培训补贴；管理规范、教学质量好、专业适合的各类培训机构，经市劳动保障局批准后，可承担外来农民工的培训任务。技工学校、区县职业技术学校要充分利用自身条件和优势，积极为外来农民工技能培训服务。

2009年，北京市人力资源和社会保障局、北京市财政局印发《关于实施外来农民工职业技能特别培训计划的通知》，在家政、护理等行业启动外来农民工职业技能特别培训计划。为了保障质量，培训机构均需要通过综合评审、认定后方可从事培训工作。职业技能培训主要分为岗前培训和职业资格培训，岗前培训主要在家政、护理行业来京务工人员中开展，进行上岗前必要的实操培训、职业道德和一些必备的职业知识的培训，家政服务员培训时间不得少于60学时，护理人员不得少于90学时。职业资格培训主要针对已被企业招用的人员，按照相应职业（工种）的职业标准进行分等级培训，培训内容为理论和实操。职业技能培训补贴由定点培训机构负责申请。取得《国家职业资格证书》的，按照《北京市职业技能培训职业（工种）补贴标准目录》给予补贴；岗前培训合格的按照每人400元的标准给予补贴；职业技能鉴定补贴标准按照市人力资源和社会保障、价格管理部门规定的收费标准执行。培训合格率达到90%的（职业资格培训以取得《国家职业资格证书》为准；岗前培训以取得《北京市职业技能培训结业证书》为准），按补贴标准予以全额补助；培训合格率未达到90%的，按补贴标准的60%予以补助。所需资金由市就业专项资金负担。

为了进一步完善职业培训补贴机制，提高城乡劳动者技能素质，北京市人力资源和社会保障局、北京市财政局在2010年制定了《北京市职业培训补贴资金管理办法（试行）》（以下简称《办法》），该《办法》针对本市农村转移就业劳动力和外来农民工，开展职业技能培训、职业技能鉴定和创业培训的补贴进行了详细的规定。其中本市农村转移就业劳动力培训所需资金由失业保险基金负担，外来农民工培训所需资金由财政就业专项资金负担。职业技能补贴标准根据不同工种可以获得400～1200元不等的补贴。职业技能鉴定补贴按照市人力资源和社会保障、价格管理部门规定的收费标准，根据参加职业技能鉴定的实际人数给予全额补助。创业培训补贴按照每人2400元的标准分两个阶段进行申请和补助。培训合格率达到80%的，按补贴标准的40%给予补助；培训合格率未达到80%的，按补贴标准的20%给予补助。培训后一年内，经后续跟踪和开业指导，创业成功率达到30%的，按补贴标准的60%给予补助；创业成功率不足30%的，按补贴标准的20%给予补助。

2016年，为了进一步做好新形势下为农民工服务的工作，切实解决农民工面临的突出问题，北京市政府出台了《关于进一步做好为农民工服务工作的实施意见》（以下简称《意见》）。该《意见》提出"到2020年，在京农民工综合素质显著提高、劳动条件明显改善、工资基本无拖欠并稳定增长、依法参加社会保险"的发展目标。《意见》强调加强农民工的职业培训，制订农民工培训综合计划，将农民工职业培训纳入本市职业技能培训体系。加大农民工职业培训资金投入，制定并落实相关补贴政策。充分发挥技工院校、职业院校以及工会、共青团、妇联等人民团体的作用，开展多渠道、多层次、多形式的农民工职业培训，建设一批农民工实训基地。鼓励行业协会、企业、社会培训机构组织开展农民工职业培训，引导农民工自主参加市场紧缺、产业急需职业（工种）的技能培训，并制定了由市人力社保局会同市教委、市科委、市财政局、市住房城乡建设委、市农委、市安全监管局、市总工会、团市委、市妇联负责。在健康服务方面，《意见》提出要扩大农民工参加城镇职工社会保险覆盖面，将与用人单位建立稳定劳动关系的农民工纳入本市城镇职工基本养老保险、基本医疗保险、生育保险和工伤保险，并且提出加强农民工安全生产和职业健康保护，如强化企业安全生产和职业病防治主体责任、强化安全生产和职业卫生教育培训，对接触职业危害的农民工开展职业健康检查，建立重点职业病监测哨点，完善职业病诊断、鉴定、治疗的法规、标准和机构，加大农民工职业病防治和帮扶力度，保障符合条件的无法追溯用人单位及用人单位无法承担相应责任的农民工职业病患者享受相应的生活和医疗待遇等。

四、其他关于促进新生代农民工人力资本投资的政策

除了上述针对职业教育与培训的政策以外，政府部门也出台了一些促进农民工提高健康投资和迁移投资的政策。

首先，在促进新生代农民工健康投资的社保政策方面。（1）人社部、交通运输部、水利部、国家能源局、国家铁路局、中国民用航空局联合印发《关于铁路、公路、水运、水利、能源、机场工程建设项目参加工伤保险工作的通知》（以下简称《通知》），要求在各类工程建设项目中流动就业的农民工纳入工伤保险保障，且明确提出，杜绝"未参保，先开工"甚至"只施工，不参保"的现象。根据《通知》意见，2018 年起所有参与铁路、公路、水运、水利、能源、机场工程建设项目的施工人员，其负责施工方都应为劳动者购买工伤保险。在购买工伤保险后，农民工凡在施工期前受伤或出现意外，都可以获取保险理赔。这将有效缓解农民工受伤治疗期间无钱医治、施工方不愿承担或承担不起治疗费用的问题。（2）中共中央办公厅、国务院办公厅印发的《国税地税征管体制改革方案》提出，从 2019 年 1 月 1 日起，员工的各项保险，包括养老医疗、失业、工伤、生育等，均由税务部门代收，这也就是说，企业必须强制给每位员工缴纳保险。

其次，在促进新生代农民工迁移投资的落户政策与城市公共服务政策方面。（1）2019 年 3 月，为深入贯彻落实中央经济工作会议精神，国家发展改革委特制定《2019 年新型城镇化建设重点任务》，指出要积极推动已在城镇就业的农业转移人口落户，要求超大特大城市要调整完善积分落户政策，大幅增加落户规模、精简积分项目，确保社保缴纳年限和居住年限分数占主要比例。推进常住人口基本公共服务全覆盖。确保有意愿的未落户常住人口全部持有居住证，鼓励各地区逐步扩大居住证附加的公共服

务和便利项目。2019 年底所有义务教育学校达到基本办学条件"20 条底线"要求，在随迁子女较多城市加大教育资源供给，实现公办学校普遍向随迁子女开放，完善随迁子女在流入地参加高考的政策。深化"人地钱挂钩"等配套政策。2019 年继续安排中央财政奖励资金支持落户较多地区。全面落实城镇建设用地增加规模与吸纳农业转移人口落户数量挂钩政策，探索落户城镇的农村贫困人口在原籍宅基地复垦腾退的建设用地指标由输入地使用。落实中央基建投资安排向吸纳农业转移人口落户数量较多城镇倾斜政策，完善财政性建设资金对吸纳贫困人口较多城市基础设施投资的补助机制。（2）人力资源社会保障部公布的《关于加强和改进人力资源社会保障领域公共服务的意见》强调，要推进公共服务事项的数据开放、信息共享，提升社保关系转移接续等异地业务的经办效率。2020 年实现同一省级辖区内"信息一点登记、业务协同办理、数据全域共享"。此文件被视作解决社保系列难题的又一突破。

第二节　北京地区新生代农民工人力资本投资政策落实现状

进入 21 世纪以来，政府通过逐步放松对就业市场的管制，完善就业市场的竞争机制，使农村剩余劳动力得到较大程度的释放。目前，北京市农民工就业集中分布于建筑业，制造业，居民服务、修理和其他服务业，批发和零售业，交通运输业、仓储和邮政业，公共管理社会组织，区域分布上主要集中在朝阳、海淀、丰台、大兴、通州和昌平等地区。北京市政府也从改革开放之初的限制农民工进城到承认其就业市场的主体地位，并出台各种政策不断促使其素质的提升，这可以从前文梳理的北京市相关支持政策得到印证。并且，政府出台相关政策多为指令性或者指导性的政策，需要转化为具体的制度举措来落实政策精神，为此，政策作用的效果如何在很大程度上取决于政策落实的情况。北京市针对新生代农民工人力资本投资的政策落实状况体现在以下三个方面。

一、北京地区新生代农民工培训补贴标准不断提高

北京市对于农民工的职业培训能力的建设非常重视，2006 年就已经启

动农民工技能提升培训工程，利用中央财政补助资金，建立起外来农民工职业技能培训补贴制度。对于参加企业统一组织的职业技能培训，并取得国家职业资格证书的，由政府对承担培训工作的定点培训机构给予一次性职业培训补贴，具体补贴标准为：取得五级（初级）职业资格证书的补贴400元、取得四级（中级）职业资格证书的补贴500元、取得三级（高级）职业资格证书的补贴600元。2007年，印发《关于加强外来农民工职业技能培训工作有关问题的补充通知》，对工作标准、补贴标准、享受补贴的条件、资金申请等各环节提出要求，符合培训时长而且取得北京市职业技能培训结业证书的受训农民工可以享受每人400元的一次性职业培训补贴。同时，对《中华人民共和国职业分类大典》中尚未规定职业标准的职业（工种）的受训农民工增加了每人400元的一次性职业培训补贴。2009年，印发《关于实施外来农民工职业技能特别培训计划的通知》，在家政、护理等行业启动外来农民工职业技能特别培训计划，培训补贴标准又一次提高，按《关于调整本市城镇失业人员、农村劳动力职业技能培训补贴标准的通知》，初级培训每人1500元，中级每人1800元；岗前培训，家政服务员为每人650元，护理员为每人900元。2010年，北京市又对受训的农民工实施了每人400~1200元的职业技能补贴，每人2400元的创业培训。不仅补贴标准有所提高，补贴品种也逐渐增加。①

二、北京地区新生代农民工医疗保险政策覆盖面广

北京市在农民工医疗保障方面，按照"低门槛、低缴费、保大病、保当期"的原则，采取优先推进工伤保险和医疗保险的政策，并在此基础上，逐步消除保险待遇差别，使农民工享受与城镇职工同等的待遇水平。特别是2011年7月1日起施行《中华人民共和国社会保险法》后，为落实打破"身份、户籍、地域"界限的要求，北京市稳步推进外来农民工参保工作，目前外来农民工医疗保险政策已经实现了与本市城镇职工平等待遇。2018年国家统计局北京调查总队数据显示：北京市农民工参加"新农合"的占74.1%；参加本地城镇职工基本医疗保险的占29.6%；参加其他地区城镇职工基本医疗保险的占2.0%，参加商业医疗保险的占3.7%，无任何医疗保险的占5.5%。农民工中，参加了两种医疗保险的占

---

① 肖红梅、李琦、李晓婷. 北京市本地农民工就业与培训现状调查［J］. 北京劳动保障职业学院学报，2013（2）：11-16.

13.3%，参加三种医疗保险的占 1.3%，农民工的医疗保险呈现以"新农合"为主、其他医疗保险为辅的多样化趋势。为农民工提供健康服务的机构包括工作单位、居（村）委会和社区医院。近年来，农民工接受的健康服务主要集中在健康教育、传染病防控和妇幼保健上，相关机构为农民工提供的健康服务呈上升态势。

三、北京地区新生代农民工教育服务模式持续创新

随着党和国家多个部门关于农民工教育培训等政策的出台，北京市的相关部门及时结合北京情况出台了相关实施办法。为了认真落实《国家中长期教育改革和发展规划纲要（2010～2020）》《国务院关于加快发展现代职业教育的决定》《国务院关于进一步做好为农民工服务工作的意见》的要求，教育部和全国总工会实施了"求学圆梦行动"，切实维护农民工的学习权和发展权，提升农民工学历层次、技术技能和综合素质，北京市的教育部门和北京市总工会调动力量，创新农民工教育服务模式，推进农民工继续教育工作。北京市总工会推出"首都农民工大学生助推计划"，由市、区两级工会及企业承担学费，为具有农业户籍、取得高中学历的外来务工者提供免费的大学教育，截至 2017 年该计划已为 1500 多名农民工圆了大学梦。北京市总工会还在农民工工作和居住相对集中的城市社区、工业园区、乡（镇）村和重点建设项目工地建立了 2500 家职工书屋，中华全国总工会文工团 2016 年在生产一线开展"文化送温暖"活动 17 场，惠及农民工上万人次。

为了全面贯彻落实农业部《"十三五"全国新型职业农民培育发展规划》农业农村部办公厅《关于做好 2018 年新型职业农民培育的通知》，北京市农业局制定了《北京市 2018 年新型职业农民培育工作实施指导意见》，各区也制定了更加具体的实施办法。目前，在新型职业农民培育方面，北京农业局已基本形成以市农职院、市农广校等为主体，市农科院、北京农学院、各级农技推广机构、农业企业、农民专业合作社等参与的四级教育培训体系。师资队伍不断扩大，已经建立了专、兼职教师 1000 人的师资库。相关课程体系逐渐规范成熟，农广校开发出 8 个培育方向（专业）课程标准，完成教材编写 30 余部，开发微课 160 余个，制作视频课件 180 学时。培训模式多样化，探索出"空中课堂""固定课堂""流动课堂""田间课堂""一村一案""走出去、请进来"、网络远程技术咨询、

知识技能竞赛、"三证合一"等受农民欢迎的培育模式。职业教育与农民培训项目不断融合，北京市农广校组织1万余名新型职业农民进行中专学历教育，并搭建起学员中、高职教育相互衔接机制。

北京市普通高校、职业学校数量众多，教育资源丰富。近年来，北京市教委充分发挥各类高校的力量，致力于农民职业教育培训。2018年，为了落实《中共中央国务院关于实施乡村振兴战略的意见》中提出的"加快培育农业职业人才、农业科技人才、农村专业人才、农村乡土人才"任务要求，北京市教育委员会积极发挥职成院校办学优势，广泛开展各类职业技术技能培训活动，逐年提高新型职业农民的学历层次和技术技能，积极创建新型职业农民培训基地。2017年，北京市农业广播电视学校房山分校等二十余所学校通过了认定，成为首批北京市新型职业农民培训基地①。

北京市教委、农委于2017年在门头沟、密云、延庆等8个郊区开始实施北京高校"引智帮扶"工程的试点工作，首都经济贸易大学、北京农业职业学院、北京联合大学等8所院校与17个村签署了《引智帮扶协议书》，充分发挥市属高校专业和智力资源优势，积极推进市属高校与低收入村结对帮扶，精准扶贫，增强低收入农户自我发展能力，提高新型职业农民学历层次和受教育的年限，提高农村劳动者整体素质，实现可持续发展。2018年，北京市教委依据市委、市政府、市新农办等下发的有关文件精神，全面启动市属高校开展"校村联手""精准帮扶"工作，继续实施"引智帮扶"工程，进一步做到点上深化，面上扩展，做到市属高校全覆盖，目标是该项工程的实数范围扩大到全市9个区34个村②。

第三节　北京地区新生代农民工人力资本投资政策实施效果评价

政策评估是指评估主体依据一定的评价标准，通过相关的评估程序，考察公共政策过程的各个阶段、各个环节，对政策产出和政策影响进行检测和评价，以判断政策结果实现政策目标的程度的活动。根据政策实施过程，政策评估可以分为针对政策内容的评估、针对政策实施情况的评估以及针对政策效果的评估。针对政策效果的评估，通常运用影响评估方法，

---

①② 张英洪，刘妮娜，赵金望，齐振家. 北京市外来农民工基本公共服务政策研究［J］.北京农业职业学院学报，2014（2）：65－72.

评估政策的中长期效果；另外，针对政策实施和效果的综合评估，常运用绩效评估方法，既关注政策投入与实施过程，也关注产出与结果。

按照政策评估的理论逻辑，可以按照从政策投入、活动到结果的逐级递进的逻辑关系分别进行评估。其理论依据是，在政策评估时，不仅要评估政策的产出，还需要分析促进目标实现的每一个步骤，以及政策活动与产出效果之间的关系（Anderson，2004）[1]。除了关注政策产出，还需要关注政策实施过程，只有分析各项政策措施引起了哪些变化、变化的可能路径或假设是什么，才能获得产生效果的真正原因。按照这个理论逻辑，本研究从政策实施过程与政策产出效果两个方面对政策实施效果进行评估。

一、北京地区新生代农民工人力资本投资政策实施过程评价

针对北京地区新生代农民工人力资本投资政策实施过程的评价主要通过被调查者对相关政策的知晓度和满意度来反映。

（一）北京地区新生代农民工的政策知晓度

在梳理相关政策的基础上，将政策提炼为若干适用于新生代农民工人力资本投资的政策条目，由被调查者填答对各项政策的了解程度（见表5-1）。

表5-1　　　　　　　　新生代农民工对相关政策的知晓度　　　　　　单位：%

相关政策	非常了解	基本了解	有点了解	听说过但不了解	没听说过
职业教育支持政策	8.0	17.0	18.9	20.5	35.6
流出地培训计划或项目支持政策	23.0	28.5	21.2	10.2	17.1
流入地培训计划或项目支持政策	13.5	23.6	18.0	11.3	33.6
职业指导和跟踪服务政策	10.9	12.5	21.8	17.9	36.9
职业技能鉴定补贴政策	11.2	24.2	21.2	13.6	29.8
职业培训补贴政策	18.6	23.0	20.6	15.6	22.2

---

① James, E., Anderson. Public Policy – Making [M]. New York: Preager Publishers, 1975.

相关政策	非常了解	基本了解	有点了解	听说过但不了解	没听说过
支持参加社会保险政策	31.5	44.2	11.2	11.3	1.8
社会保险补贴政策	18.1	17.2	21.0	19.9	23.8
城市公共服务政策	13.4	10.6	17.1	21.4	37.5
城市落户政策	8.6	17.5	16.4	25.7	31.8

调查结果显示，北京地区的新生代农民工对支持参加社会保险政策的了解度最高，有75.7%的被调查者表示了解相关政策；其次是流出地培训计划或项目支持政策，有超过半数的农民工表示了解家乡地政府提供的培训计划或项目的支持政策；再次是职业培训补贴政策，超过四成的农民工表示了解政府提供的职业培训补贴政策；之后是流入地培训计划或项目支持政策、职业技能鉴定补贴政策、社会保险补贴政策，有30%以上的农民工表示了解这三项政策。新生代农民工对于职业教育支持政策、职业指导和跟踪服务政策、城市公共服务政策以及城市落户政策的知晓度较低，了解程度分别是25.0%、23.4%、24.0%和26.1%。

可见，新生代农民工对社会保险、培训相关政策的了解度相对高一些，体现了政府对这些政策的宣传效果较好，也从侧面反映出了新生代农民工在人力资本投资方面对于社保和培训的关注度较高。

（二）北京地区新生代农民工的政策满意度

同样地，通过调查新生代农民工对所提炼的各项人力资本投资的政策条目的评价来反映农民工对相关政策的满意度（见表5-2）。

表5-2　　　　　**新生代农民工对相关政策的满意度**　　　　单位：%

相关政策	满意	比较满意	不满意	没享受过
5 职业教育支持政策	17.2	18.4	3.0	61.4
1 流出地培训计划或项目支持政策	46.7	29.8	5.5	18.0
3 流入地培训计划或项目支持政策	28.6	21.1	6.6	43.7
5 职业指导和跟踪服务政策	17.8	18.1	4.4	59.7

续表

相关政策	满意	比较满意	不满意	没享受过
4 职业技能鉴定补贴政策	20.6	21.1	6.6	51.7
2 职业培训补贴政策	35.8	30.8	2.5	30.9
3 支持参加社会保险政策	20.3	27.8	3.5	48.4
4 社会保险补贴政策	12.1	30.6	5.2	52.1
5 城市公共服务政策	11.2	19.3	4.1	65.4
6 城市落户政策	5.2	4.3	10.5	80.0

调查结果显示，北京地区的新生代农民工对流出地培训计划或项目支持政策的满意度最高，有76.5%的被调查者表示满意；其次是职业培训补贴政策，有超过六成的农民工表示满意；再次是流入地培训计划或项目支持政策、支持参加社会保险政策、职业技能鉴定补贴政策、社会保险补贴政策，均有超过四成的农民工表示满意；之后是职业教育支持政策、职业指导和跟踪服务政策、城市公共服务政策，满意度分别是35.6%、35.9%和30.5%；新生代农民工对城市落户政策的满意度最低，仅有9.5%的农民工表示满意。

综上所述，新生代农民工对培训类政策的满意度最高，且受益程度也最高，对于城市公共服务类和城市落户类体现对农民工迁移投资支持的政策满意度相对低一些，尤其是城市落户政策，这与北京作为超大城市的人口政策有一定关系。

二、北京地区新生代农民工人力资本投资政策产出效果评价

针对北京地区新生代农民工人力资本投资政策产出效果的评价主要从新生代农民工投资收获的角度来体现。

（一）新生代农民工人力资本提升显著

北京地区新生代农民工培训情况调研结果显示，在学历教育方面，2017年北京地区新生代农民工以高中学历为主，其中初中及以下学历占全部新生代农民工的比例为29.9%，高中学历的比例为35.8%，大专学历的比例为20.8%，本科及以上学历的比例为13.5%。新生代农民工的学

历状况较之前有了一定程度的改善。在职业技能培训方面，有36.6%的新生代农民工通过职业技能培训获得了不同等级的国家职业资格证书，且大部分新生代农民工在参加培训后都提高了自身的技能和素质，累计占比是56.7%，另有20.1%的被调查农民工表示通过职业技能培训开阔了视野，增长了见识（见表5-3）。新生代农民工较老一代农民工的收获略微低了一些。

表5-3　　　　　　　　参加培训后的主要变化　　　　　　单位：%

主要变化	新生代农民工		老一代农民工	
	响应	个案	响应	个案
A. 没有变化	12.6	19.3	7.8	11.9
B. 提高了自身的技能与素质	37.0	56.7	38.7	59.0
C. 找工作容易了	11.1	17.0	16.1	24.5
D. 增加了收入	11.0	16.8	11.3	17.3
E. 增加了晋升机会	11.1	17.0	4.4	6.7
F. 开阔了视野，增长了见识	13.1	20.1	14.2	21.6
G. 为以后自己干做准备	3.3	5.1	5.2	8.0
H. 其他	0.8	1.0	2.2	3.5
合计	100.0	153.0	100.0	152.5

由此可见，在政府出台的涉及培训的人力资本投资政策的带动下，新生代农民工的人力资本水平有所提升，成效比较显著。

（二）新生代农民工就业状况改善

我们从参加过政府部门组织的各种培训的新生代农民工的问卷和访谈情况了解到，多数新生代农民工表示参加政府部门组织的各种培训给自己带来了较大的改变。具体来看，主要包括：有49.51%的参训新生代农民工认为自身的技能与素质得到明显提高；有31.1%的参训新生代农民工表示自己找工作变得更加容易；有29.1%的参训新生代农民工表示培训令自己开拓了视野，增长了见识；有26.2%的参训新生代农民工表示晋升机会增加；有21.4%的参训新生代农民工表示收入有所增长，仅有15.5%的参训新生代农民工表示没有任何变化。北京农民工监测调查报告数据显示，2017年，北京农民工月平均收入为3230元，比上年增加232元，增长7.7%；接受过职业技能培训的农民工月均收入3758元，比上年增长13.3%。接受过职业技能培训的农民工收入较高且增幅较大。总体来看，培训活动对于新生代农民工的就业提升具有一定的改善效果。

（三）新生代农民工健康投资保障升级

本研究2015年对北京地区新生代农民工参保情况的调查结果显示，北京地区新生代农民工中参加全部或部分保险的比例是50.7%。对比国家社科基金重点项目"提高户籍人口城镇化率的对策研究"，2018年对北京地区新生代农民工的调查结果，新生代农民工参加全部或部分保险的比例是54.7%。三年间参保率提高了4个百分点，从侧面反映出新生代农民工的健康得到了一定程度的保障。同时，从前文的分析可知，大多数新生代农民工都能做到平均一年体检一次，并且通过医疗保险看病是新生代农民工生病时的首选措施。

特别是人社部、交通运输部、水利部、国家能源局、国家铁路局、中国民用航空局联合印发《关于铁路、公路、水运、水利、能源、机场工程建设项目参加工伤保险工作的通知》后，农民工的工伤保险参保情况有了较大改善，为新生代农民工在城市就业提供了防范健康、工伤风险的保障。

（四）新生代农民工迁移投资条件有所改善

新生代农民工迁移投资条件的改善主要体现在以下几个方面。

第一，从农民工进城后的住宿条件来看。根据国家统计局发布的《2018年农民工监测报告》，2018年进城农民工人均居住面积为20.2平方米，比上年增加0.4平方米；户人均居住面积在5平方米及以下的农民工户占4.4%，比上年下降0.2个百分点。从不同规模城市来看，进城农民工人均居住面积均有所增加。其中，500万人以上城市中，人均居住面积为15.9平方米，比上年增加0.2平方米。在进城农民工中，2.9%享受保障性住房，比上年提高0.2个百分点。其中，1.3%租赁公租房，比上年提高0.2个百分点；1.6%自购保障性住房，与上年持平。

第二，从进城农民工随迁子女受教育情况来看。根据国家统计局发布的《2018年农民工监测报告》，2018年3~5岁随迁儿童入园率（含学前班）83.5%，比上年提高0.2个百分点；义务教育阶段随迁儿童在校率

98.9%，比上年提高 0.2 个百分点。从就读的学校类型来看，小学阶段82.2%的随迁儿童在公办学校就读，与上年持平；11.6%的随迁儿童在有政府支持的民办学校就读，比上年提高 0.8 个百分点。初中阶段84.1%的随迁儿童在公办学校就读，比上年下降 1.8 个百分点；10%的随迁儿童在有政府支持的民办学校就读，比上年提高 0.3 个百分点。

第三，从进城农民工社会融合情况来看。根据国家统计局发布的《2018 年农民工监测报告》，进城农民工城镇归属感较为稳定，进城农民工组织化程度进一步提高，其中 26.5%的进城农民工参加过所在社区组织的活动，比上年提高 0.9 个百分点，其中，3.5%的进城农民工经常参加，23.0%的进城农民工表示偶尔参加。15.3%的进城农民工参加过人大代表选举，比上年提高 1.1 个百分点；加入工会组织的进城农民工占已就业进城农民工的比重为 9.8%。在已加入工会的进城农民工中，经常参加工会活动的占 26.0%，比上年提高 2.8 个百分点；偶尔参加的占 56.3%，比上年下降 1.2 个百分点。

第四，从进城农民工生活满意度情况来看。国家社科基金重点项目"提高户籍人口城镇化率的对策研究"2018 年对北京地区新生代农民工的调查结果显示，有近八成的新生代农民工表示其对城市生活状况是满意的。

对于新生代农民工来说，影响其迁移投资的因素有很多，城市的工作与生活状况、随迁子女的受教育条件、城市生活的融合度与满意度等都是影响其迁移投资决策的重要方面。从上述四个方面的分析可知，新生代农民工的迁移投资条件得到了一定程度的改善，这对于促进新生代农民工的迁移投资具有重要的积极的促进作用。

三、北京地区新生代农民工人力资本投资政策实施中的问题

（一）培训政策实施中的问题

1. 新生代农民工参与政府部门组织的培训比例有待提高

从北京地区新生代农民工对参与各种培训的满意度评价情况来看，有77.67%的新生代农民工认为政府部门组织的再就业培训效果很好或者较好，有 72.00%的新生代农民工认为流入或流出地政府组织的其他培训效果很好或者较好。总体而言，政府部门组织的培训得到了大多数新生代农

民工的认可，但同时也存在一定问题。北京地区的新生代农民工参加政府部门组织的各种培训的比例偏低。本研究调查结果显示，仅有14.4%的新生代农民工参加了由政府部门组织的再就业培训，仅有3.5%的新生代农民工参加了流入或者流出地政府组织的其他培训，参加过政府部门组织的各种培训的比例尚不足全部新生代农民工的1/5。而且，从调研情况来看，农民工获取教育培训信息的渠道主要来自企业和各种培训机构，仅有11.16%的新生代农民工是从政府部门获取了培训信息。

2. 新生代农民工培训设置不合理

新生代农民工不同于老一代农民工，其参加培训更强调发展需求。他们不仅渴望拥有一技之长，对文化知识、安全卫生知识、创业知识和心理健康等方面知识也具有一定的需求。问卷数据显示，新生代农民工对职业知识与技能培训、文化知识、安全卫生知识、创业知识、心理健康知识培训的需求比例分别为69.5%、20.8%、19.5%、10.7%和9.9%，比老一代农民工分别高了5.7、6.6、4.8、0.1和4.5个百分点，可以看出新生代农民工不仅关注职业知识的拓展和技能的提高，也开始重视自身文化素质、身体和心理健康素质及未来发展。从调研情况来看，政府部门等组织的培训内容设定与新生代农民工的现实需求存在一定差距（见表5-4）。有21.0%的新生代农民工认为"有的培训就是走形式"，有12.2%的新生代农民工认为"培训缺乏实用性"，还有少量新生代民工表示"培训内容深，听不懂"。从培训方式来看，新生代农民工在培训过程中经常采取传统的讲座形式，而多数新生代农民工更偏爱现场授课或者现场实习方式，在实践中由教师面对面进行操作讲解的方式。总体来看，政府部门组织的各种培训活动多是自上而下的行政任务布置安排，缺乏市场调查基础，造成培训课程与劳动力市场要求不完全吻合，培训方式的选择也缺乏一定的灵活性。并且，从目前开展的大多数培训来看，培训内容依然以传统技能培训为主，未体现出新经济形势下技术进步对劳动者技能素质的需求，与应对未来人工智能广泛应用带来的"机器换人"与"人—机"协同问题不相适应，不符合北京四个功能定位以及未来产业发展的要求。

另外，调查中有17.8%的被调查者表示培训时间长短不合理，18.4%的被调查者表示培训时间与工作时间冲突，另有11.3%的被调查者认为培训设施不健全，影响了他们对学习内容的掌握和实践操作。

表 5 - 4　　　　　　　　　　培训中存在的主要问题

培训存在问题	新生代农民工			老一代农民工		
	响应		个案%	响应		个案%
	N	%		N	%	
A. 培训费用高	45	7.5	12.7	79	8.3	11.9
B. 培训对工作、就业帮助不大	69	11.5	19.5	113	11.8	17.0
C. 内容深，听不懂	19	3.2	5.4	39	4.1	5.9
D. 培训时间长短不合理	63	10.5	17.8	79	8.3	11.9
E. 培训时间与工作时间冲突	65	10.9	18.4	172	18.0	25.9
F. 有的培训就是走形式	74	12.4	21.0	88	9.2	13.3
G. 培训缺乏实用性	43	7.2	12.2	95	10.0	14.3
H. 培训老师水平低，讲不明白	18	3.0	5.1	33	3.5	5.0
I. 教师缺乏教学技巧	27	4.5	7.6	27	2.8	4.1
J. 教师教学不认真	22	3.7	6.2	39	4.1	5.9
K. 教师的专业知识不够	26	4.3	7.4	22	2.3	3.3
L. 培训缺乏相应的教材	50	8.3	14.2	43	4.5	6.5
M. 培训设施不健全	40	6.7	11.3	46	4.8	6.9
N. 学习环境差	17	2.8	4.8	13	1.4	2.0
O. 其他	21	3.5	5.9	66	6.9	10.0
合计	599	100.0	169.5	954	100.0	143.9

3. 新生代农民工培训缺乏科学的绩效评估机制

国家及北京市多项涉及培训的政策文件都强调提高培训实效、逐步建立农民工培训的政策法规、规范培训管理、加强绩效评估等，并在资金监管等方面取得了一定的成效，但是对培训内容和效果、培训任务完成情况等尚未形成统一的衡量和评价标准。现有的许多农民工培训机构是通过行政指定的方式来决定的，没有引入竞争机制，培训机构的资质程度优劣不一。从各项政策内容设计和执行情况看，具体培训过程管理较受重视，但是对受训员工的能力提升、就业情况尚缺乏科学的考核，评价指标含糊不清，没有将指标具体化，不易于操作。总体来看，政府对培训质量、培训效果还缺乏科学有效的考核机制①。

（二）其他相关政策实施中的问题

1. 新生代农民工参保的障碍

新生代农民工的参保障碍主要有两个方面，即社保断档接续难、社保异地迁移难这两类问题。近期，通过网络代缴社保成为人们热议的话题。对于这一新兴现象，有关部门回应称，因双方没有建立劳动合同关系，网络代缴社保不合法。但一些被调查者对此却持欢迎态度，把网络代缴社保作为一些劳动者为消除无处缴纳社保尴尬而采取的应急之策。网络代缴不合法，断档则影响切身利益的难题是横亘在相关部门面前的一道现实考题，也是阻碍农民工参保的障碍。

异地社保转移也是一直困扰着新生代农民工的重要问题。目前，各省（区、市）对社保异地转移没有相对统一的政策，造成转移对接上的衔接不畅，且各省（区、市）普遍遵循的归属地管理原则成为"隐形门槛"。而问题的症结在于，社会保险从一开始就是省级统筹，这导致各省社会保险基金的情况不一，有的地方钱多，而有的地方钱少，且各地缴费标准、待遇都不一样，使得发生长期缴费地和长期待遇享受地标准不一。许多地方规定，转移过程中已缴纳的钱不能带走，如何分配其中的利益，如何对接就成为亟待解决的问题。

2. 新生代农民工城市融入的公共服务障碍

农民工享受城镇基本公共服务的水平与城镇居民还有一定的差异。数量有差异，质量上也不可同日而语，主要体现在以下几方面：第一，公共服务总量不足。当前，政府为农民工提供服务的总量远远不能满足其需求。农民工流动性和就业弹性较大，对公共就业服务的个性化和弹性化需求大，但公共就业服务能力与需求相比存在明显差距。第二，公共服务结构不合理。实践中，政府更重视农民工生存方面公共服务的供给，对农民工社会管理的参与权等政治权利重视程度低。公共文化服务内容呈现低档化、结构失调，导致农民工参与度总体不高。第三，提供主体多元化导致农民工公共服务效率不高。农民工公共服务是一个复杂而庞大的系统工程，需要多个部门或机构参与其中。实践中，农民工公共服务主体包括人社部、教育、司法、住建、民政，以及工会、妇联、残联、共青团等多个

---

① 许琴. 当前我国新生代农民工就业培训研究述评与展望 [J]. 职教通讯, 2013 (10)：42 – 46.

部门和机构。此外，也有一些民间机构参与，但数量少，服务类型单一。第四，传统的公共服务供给方式导致农民工可获得性低。面对面、电话和宣传册等是政府部门向农民工提供服务的主要方式，而以互联网与数据库为基础的网上大厅和管理平台等智能化服务方式还未得到广泛应用。

第六章

北京地区新生代农民工人力资本
投资路径与政策激励建议

新生代农民工作为北京地区劳动力的重要组成部分，其人力资本的水平与质量不仅关系到北京经济社会的发展，也是影响新生代农民工城市生活和未来发展的关键。针对北京地区新生代农民工人力资本投资的现状、需求、影响因素，以及其中存在的主要问题，本研究从北京地区新生代农民工人力资本投资路径与激励政策两方面提出建议，以提高北京地区新生代农民工参与人力资本投资的积极性与投资效率，促进新生代农民工知识、技能、素质以及身心健康水平的全面提升，推进新生代农民工的市民化与城市融入，并为其他地区提供借鉴。

第一节　北京地区新生代农民工人力资本投资路径

北京地区新生代农民工人力资本投资的目的是实现其人力资本的持续增长与保值增值，而人力资本投资本身具有特定属性，因此必须根据其特征找到适合的投资路径。新生代农民工人力资本投资的实践路径需要建立人力资本投资的运行机制，加大继续教育和培训的力度，充分运用现代技术与手段创新教育与培训模式，提升文化与发展倾向的投资意愿，并综合运用行政与市场手段，推动迁移投资①。其中，培训作为提高新生代农民工人力资本水平的最主要手段，必须强化政府及相关单位对新生代农民工

---

① 黄快生，马跃如. 国外人力资本理论研究新动向对新生代农民工人力资本投资和积累的借鉴 [J]. 湖南社会科学，2014（2）：175 – 178.

培训的投入力度[①]；而拥有健康、积极心理资本的新生代农民工，其自我效能感越强，越愿意接受新思维、新事物，表现出更大的灵活性与创造性，应加大对新生代农民工心理健康资本的投入力度。新生代农民工人力资本的投资路径应根据其内、外环境的变化进行改进与创新，打破固有的思维模式，从不同的人力资本发展阶段、不同的人力资本构成以及不同的投资主体等方面，进行新生代农民工人力资本投资的路径选择等[②]。基于国内外相关研究成果，结合北京地区新生代农民工人力资本投资的实际情况及具体需求，本研究围绕人力资本投资的四个维度分别探索具体的投资途径。

一、北京地区新生代农民工的教育投资路径

新生代农民工教育投资路径可兼具多层次和跨区域的特点，多层次是指从基础教育到成人教育，跨区域是指从新生代农民工流出地到流入地。

首先，进一步改善农村地区的基础教育状况，为新生代农民工奠定良好的人力资本基础。教育投入是支撑国家长远发展的基础性、战略性投资，是教育事业的物质基础，是公共财政的重要职能。教育的发展，决定着一个国家劳动力知识存量的多少、国民素质的高低和人力资本的形成，从而决定着经济发展的水平和速度。从教育制度视角来看，发展经济学理论认为，人力资本投资的成本收益与经济发展状况密切相关。对于发达国家，大学教育的收益率最高，中学次之，小学最小。我国教育经费占 GDP 的比重远低于发达国家 5.1%、世界平均水平 4.9% 的标准，甚至连欠发达国家 4.1% 的水平都没达到。目前，我国农村人口教育投入严重不足，农村人力资本呈现数量大、质量低的特点。我们要借鉴发达国家人力资本投资的成功经验，尽快调整农村教育结构，加大政府对农村义务教育的投资力度，将农村中小学基础设施建设纳入中央投资范畴，加大转移支付力度，尤其是西部和贫困地区要实行倾斜政策，减免书费、学杂费，改变农村教育投资格局，大力支持各种民办资金投资于新生代农民工的教育事业。具体包括：加强各级财政对农村教育的支付力度，完善农村义务教育经费保障

---

① 张洪霞. 基于需求视角的农村实用人才培训体系探究——以天津市为例 [J]. 职教论坛，2013（10）：42－45.

② 徐英姿，石坚. 关于我国农民工人力资本投资问题的思考 [J]. 现代经济，2008，7（3）：98－99.

机制，打好新生代农民工接受良好教育的坚实基础，出台相应政策，将其成人教育、继续教育等经费纳入各级政府的财政预算，不断提升业务与综合素质，鼓励新生代农民工接受终身教育，满足其多层次学习和发展需要，提高十几年后该群体劳动力的整体素质，从根本上加大对新生代农民工人力资本教育投资力度，做好新生代农民工人力资本投资的基础性工作。

其次，为新生代农民工子女城市就读创造更宽松的条件，阻断人力资本投资不足的代际传递。目前外来农民工子女在北京接受幼儿、小学和中学教育已不存在政策障碍，但在执行层面还存在较多问题，如：专门建立的农民工子弟学校在教学条件方面相对其他城市公立学校要差一些，师资也相对缺乏；在农民工子女能进入的城市公立学校，会受到一定的身份排斥等。这些问题都使得农民工子女在城市享受公共教育服务方面受到限制，影响了农民工子女受教育的质量。为此，需要进一步改善新生代农民工子女在北京就读的环境，消除身份差异而引发的教育资源获取的不平等问题。

再次，增大以培养现代产业工人和新市民为目标的教育投入。这是支撑北京地区经济社会长远可持续发展的基础性战略投资，是提高新生代农民工人力资本质量的重要支撑。正如彭焕才所强调的：要基于新生代农民工进城目标、人生理想、价值观的特征和经济社会发展的需要，从长远战略考虑，确立把新生代农民工培养为高素质的现代产业工人和新市民的政策目标，在不断提高国民教育经费占 GDP 比重的基础上，增大对新生代农民工培养新目标的教育投入①。当前，应进一步提高北京地区新生代农民工新目标教育投资水平，解决教育人才培养投资不足的问题。从前文的分析可知，目前北京地区新生代农民工的教育投资意愿并不强烈，而在北京地区产业升级的发展过程中，需要的是有知识、有技术的高素质产业工人。在产业结构调整时期，国家及北京市政府应该积极主动地加强对北京地区农民工的教育投资，包括基础设施建设，以及农民工教育专项资金管理等，尽可能减少农民工自身教育投入的成本；同时，可以适当发放津贴补助，以此弥补农民工教育耗时所增加的机会成本，以激发农民工投入教育的积极性，增大以培养现代产业工人和新市民为目标的教育投入，推动新生代农民工人力资本的可持续发展②。

---

① 彭焕才. 从"民工荒"看新生代农民工人力资本投资 [J]. 湖南师范大学社会科学学报，2012（5）：88 - 92.

② 宋惠敏，马晓东，陈永胜. 产业升级背景下河北省制造业农民工人力资本投资研究 [J]. 河北企业，2017（2）：104 - 105.

最后，要积极培养北京地区新生代农民工的企业家精神，积极开展创新创业教育。企业家精神，简而言之就是创新意识和冒险精神。奥地利经济学家熊彼特指出，创业能否成功，关键在于创业者是否具有企业家精神。农民工创新创业是通过自主创办生产服务项目、企业或从事个体经营实现市场就业的重要形式①。农民工创新创业教育有利于最大限度地调动农民工个人的积极性、创造性来拓展新的就业空间，创造新的就业机会，也可以分散和化解失业风险，提高新生代农民工自我保障能力。北京地区新生代农民工的发展观念由于代际的传承使他们外出务工实现了由生存型向发展型的转变，因此，要及时、有效地加强北京地区新生代农民工创新创业教育，培养良好的企业家精神。开展创新创业教育，是北京地区新生代农民工自谋职业和自主创业，实现高质量的就业，提升自身经济地位的重要途径，也是其主动适应当前就业格局和就业方式转变的重要体现。根据国家统计局抽样调查，自营就业的农民工占农民工总量的比重约为16.6%，已有不少农民工加入创业大军的队伍。清华大学新生代农民工就业创业研究课题组根据 2015 年中国综合社会调查的数据进行推算，结果显示，新生代农民工创业者占新生代农民工总体的 16.5%，约有 2316 万人。由此可见，要高度重视并积极转变观念，创新企业家精神及培训工作机制，建立新型的网络培训体系，最大限度地对新生代农民工开展创新创业培训。同时，在开展北京地区新生代农民工创新创业培训过程中，注重使用政策扶持，如税费减免、创业场地租金和补贴、信贷等给以优惠措施，并在生产技术、信息咨询、法律服务、产品销售等方面给予相应帮助，引导北京地区新生代农民工主动参与，提升创业能力，培养企业家精神，提升人力资本投资有效性。②

二、北京地区新生代农民工的培训投资路径

（一）国外经验

众所周知，职业技能的高低是人力资本存量大小的重要标志，决定着

---

① 张太宇. 区域中心城市农民增收特征与策略——以沈阳市为例 [J]. 农业经济，2014 (2)：73 - 74.
② 张太宇. 加强人力资本投资与提升农民工群体参保能力的对策 [J]. 当代经济，2014 (22)：22 - 24.

新生代农民工的就业稳定性、择业竞争力和发展空间。目前，国外较为重视农民工的培训管理工作，日本、韩国、英国、法国、美国、德国等各具特色，可为北京地区新生代农民工培训工作提供有益参考。谭骆艳对国外较有代表性的农民工培训情况进行了科学归纳和系统分析[①]：（1）农民培训管理法制化。其立法贯穿于三种模式发展的全过程，内容涉及农民培训的各个要素和各个领域，农民培训管理的法制化是这些国家农民培训事业得以迅速发展的根本保障。（2）农民培训主体多元化。一是各级农业科技教育培训中心；二是中等、高等农业院校；三是企业与民间的各类培训服务机构；四是各行业协会、教会及农村经济合作组织；五是各级农业技术推广服务体系；六是农业远程教育网。（3）农民培训体制科学化。经过长期的探索与实践，上述国家已逐步形成了以政府为主导，以农业院校为基地，以社会培训机构为补充，农业教育、科研、推广相结合的农民培训体制，其具有以下特征：一是国家统筹规划农民培训工作；二是由国家农业主管部门全面负责和统一协调农民培训工作，其他相关国家主管部门则予以配合；三是中等、高等农业院校是农民培训的主要阵地，并形成了农业教育、科研、推广相结合的培训体系；四是广泛吸收社会中介培训机构参与。（4）农民培训方式多样化。各国农民培训机构除开设与农业科学知识相关的专业课程外，更多的是根据本地区的农业特点以及农业发展和农村经济结构的需要开设课程。这些课程范围广、门类多，具有较强的实用性、科学性和灵活性；既有多类型、多层次的中等农业教育和高等农业教育，也有各种类型的短期、长期培训和面向全社会的农业推广教育。（5）农民培训投入规范化。英国农民培训经费的 70% 由政府财政提供，美国财政每年用于农民教育的经费达 600 亿美元，德国农民教育投资占国家教育投资的 0.3%。从农村培训投资渠道来说，各发达国家在注重发挥政府拨款主渠道作用的同时，也十分注意多方面筹集经费。如 20 世纪五六十年代，英国在农村普及农业教育过程中曾采用集资的方式解决教育经费的问题；法国政府直接对农业教育进行大量投资；日本在农业教育上投入大量人力与物力；韩国规定，农渔民后继者可以申请获得后继者培养基金贷款等。

（二）新生代农民工培训投资路径

参考上述各国农民工培训经验，北京地区新生代农民工培训政策与相

---

① 谭骆艳. 青年农民工的人力资本投资模型分析 [D]. 北京：北京交通大学，2006.

关制度建设的重心应从单纯救济模式向失业预防和职业能力建设转变，从根本上解决失业所带来的劳动技能退化和再就业困难问题。这有助于提升首都新生代农民工人力资本存量水平，使其适应北京地区经济社会发展的需要，并促进实现新生代农民工在北京的高质量就业。

　　根据前文的分析结果，目前北京地区新生代农民工培训投资中主要存在培训重视度不够、培训内容不适用、培训时间不灵活等问题，同时考虑到培训费用是影响新生代农民工参与培训投资的最主要因素，本研究提出以下五个方面的投资路径建议。

　　第一，建立培训对接机制。一是将新生代农民工的培训需求与北京地区经济社会发展对人才和技能素质的要求对接。这就需要对新生代农民工的培训需求进行广泛调查，了解他们的自身能力素质水平与实际需求，同时把握北京地区当前的劳动力需求以及未来劳动力市场对人才技能水平的需求趋势，将两方面结合起来，既满足新生代农民工的需求，又引导新生代农民工的培训方向，使之能适应北京地区的劳动力市场要求，成为补充北京地区高技能人才的重要来源。二是将新生代农民工流出地已经参加的培训与北京地区的培训需求对接。一方面，根据农民工过去的培训经历和已经具备的技能，结合求职意愿，为其提供相应技术等级的服务，使其在流出地接受的培训能够持续发挥作用；另一方面，将北京地区用工需求及其所需的职业技能情况与流出地培训工作对接，使农民工在流出地接受的培训能满足北京对劳动者技能素质的要求，从而节约两地的培训资源，提高培训效率。

　　第二，建立适合新生代农民工城市就业与生活的多样化培训内容体系。从目前新生代农民工培训实践来看，农民工培训计划与内容没有建立在对农民工培训需求的准确把握上，从上级向下级主管部门层层下达指标的做法比较普遍，导致低水平重复培训、部分培训项目的设计不适应农民工实际的需要、少数培训项目短期化和形式化等问题的出现[①]。因此，在北京地区新生代农民工职业技术培训方面，最重要的就是要有效确定北京地区农民工培训需求导向。当前农民工参与职业技能培训率较低，除了费用问题，还有一个原因是，他们认为培训内容与实践能力针对性不够，因此，在开展职业技能培训过程中要注重职业技术培训的实用性、有效性。培训教师要到农民工群体中，到企业的生产一线，了解北京地区新生代农

　　① 彭焕才. 从"民工荒"看新生代农民工人力资本投资 [J]. 湖南师范大学社会科学学报，2012（5）：88－92.

民工真正想要获取的技能，满足新生代农民工的真实技能需求。这样不仅增强了农民工的学习热情，同时也提高了培训的质量和效率。例如，以需求为导向设置培训项目，满足农民工不同层次、不同形式、不同内容的培训需求，充分考虑农民工的个体差异，实现分类、分批施教。在制订培训计划时，把培训和就业结合起来，发展满足企业需求的"订单式"培训模式，提高培训项目的实用性和针对性，增强农民工参与培训的热情。

另外，在新生代农民工进城务工前，流出地相关政府部门应该通过国家补贴等措施鼓励农民工到中等、高等职业技术学校学习，以提高新增农村劳动力的文化素质和就业技能，着力建立一个由政府、企业和个人共同出资，面向基层、覆盖城乡的，包括职业技校、成人夜校、社区教育以及就业辅导在内的多元培训教育体系；并可根据新生代农民工不同的就业意向和需要进行培训，适应北京地区经济结构调整和产业升级需求。

同时，提供更为丰富的培训内容，包括城市相关文化、农民工心理方面的培训，帮助新生代农民工在掌握职业技能的同时具有更高的文化素养和健康的心理，提高其劳动素质和精神文化层次。主要包括以下三点：一是政策、法律法规知识培训。帮助来京就业的新生代农民工了解有关务工经商、投资创业以及回乡创业等方面的政策和规定，熟悉《中华人民共和国劳动法》《中华人民共和国劳动合同法》《中华人民共和国职业病防治法》《中华人民共和国企业劳动争议处理条例》和《中华人民共和国治安管理处罚法》等法律法规，增强其遵纪守法意识，使之能够保护自身合法权益。二是安全常识和公民道德规范培训。帮助其掌握有关安全生产、公共交通规则等常识，增强他们预防和处理突发事件的能力，教育新生代农民工养成良好的道德规范、职业规范等①。三是文化培训。帮助新生代农民工了解和适应北京人文环境、地方文化和社交规范等，使其能尽快适应和融入城市生活。

第三，结合农民工培训特点，突出时间灵活性。鉴于新生代农民工反映出来的"没时间"参加培训的问题，政府应鼓励农民工培训机构针对农民工培训的成人性、在职性、短期性等特点，推行灵活的学习制度。在课程设计上，可采取国际劳工组织开发的"模块式职业技能培训模式"（Modules of Employable Skill，MES）。MES 培训内容由相对独立的学习单

---

① 程伟. 我国农村人力资本投资现状对农业剩余劳动力转移的影响分析——来自于 2004 ~ 2005 年我国农民工流动就业的调研 [J]. 人口与经济，2006 (3)：44 – 49.

元组成，而且可依据劳动力市场需求迅速组合新培训模块①。在教学方式上，可通过网络进行远程教学，建立培训信息网络平台，使得农民工的培训不受时间和地点限制。在学习媒介上，可采取慕课、微课等网络课程形式在电脑、手机上进行呈现，便于远程学习和移动学习。在教学模式上，可采取循环教学的模式，便于随到随学，不耽误学习进度，保证培训的持续性和有效性。

第四，健全、完善培训规范制度，完善培训评估体系。为了避免培训的形式化，提高培训的专业度和适用性，应建立北京地区农民工职业培训机构定期综合评估制度，以技工院校等农民工定点培训机构为主要评估对象，建立农民工劳动技能培训质量控制的长效机制，形成一整套反映农民工自身职业技能水平的培训、考核、评定制度，建立颁发职业技能等级证书体系。一方面对培训内容和培训效果进行评估，另一方面做好资金补贴管理和审计工作，助力建设新生代农民工劳动就业职业技能培训基地和集社会化、系统化、规范化为一体的新生代农民工培训体系。

第五，激励企业重视和完善新生代农民工技能培训工作。作为新生代农民工的主要需求方和雇佣者，企业不能只重视农民工短期内形成的投入产出比，应在注重发展自身利益的同时，承担更多的社会责任，保证并逐步加大对农民工人力资本的投资，使其转变为与企业相匹配的人力资本②。北京地区用人单位尤其是中小型企业应按照国家和地方的相关政策法规和生产岗位要求，切实加强对新生代农民工的职业技能培训，提高农民工职业技术水平，满足岗位技能要求的同时促进新生代农民工的职业成长，从而降低农民工的流动性和因劳动力过度流动所产生的额外用工成本，并最终提高企业竞争力，促进北京社会经济稳定发展。

三、北京地区新生代农民工的健康投资路径

如前所述，社会保障是使新生代农民工保有健康人力资本的基础。国家统计局发布的农民工监测报告以及本研究的调查结果均显示，目前我国新生代农民工的社会保障问题较多，农民工的参保率和实际缴费率都不

---

① 张锐，刘俊霞. 农民工培训实际参与率与培训意愿水平的差距及其调节变量的 Meta 分析 [J]. 社会政策研究，2019（1）：96–110.

② 张正. 新生代农民工人力资本投资中的企业责任分析 [J]. 企业技术开发，2014（23）：40–42.

高。由于城乡间、地区间的差异，使得新生代农民工依然被排除在城市社会保障体系之外①。一方面，用人单位出于经济利益驱动，不给或者少给农民工办理各种社会保险，其中不乏偷逃、拒缴或拖延缴纳社会保险的情况，造成对农民工的社会保障面较窄，当农民工遭遇经济性裁员或解雇情况时，不能享受失业保险救助；另一方面，社保金转移和接续障碍降低了新生代农民工的参保意愿，且新生代农民工对社保和健康投资的重视程度也不够。农民工的社会保障得不到落实，他们的个人人力资本投资就有了后顾之忧，因此，需要进一步增强农民工健康投资意识，完善社会保障制度，为农民工参加社会保险提供更为便利的条件和途径，并保障新生代农民工和城市市民享有同等的权利。

首先，完善新生代农民工社会保障政策。参加医疗保险是新生代农民工健康维护的重要保障。参加医疗保险可以减轻农民工的看病压力，使得他们在健康出现问题时能够得到及时的诊疗和救助。为了让农民工切实享受到医疗保障的福利，政府需要进一步推进社会保障卡制度，允许农民工开设个人账户，在全国范围内或者区域范围内统一社会保障账户卡号与费用缴纳的比例②。北京地区应逐步将新生代农民工纳入失业、工伤、医疗、养老等各种社会保障体系中，降低他们在城市的生活成本，改善其生活环境，加快开放型社会保障的转变步伐，努力健全促进新生代农民工自身发展的社会保障政策与体系，完善社会保险关系转移接续办法，提高统筹层次，降低社会保险缴费水平。通过强化征缴扩大覆盖面，使新生代农民工融入城镇职工社会保险，开展农民工应急救助、贫困救助、教育救助和法律援助等工作。

其次，进一步加强新生代农民工身心健康投资力度。调查显示，北京地区新生代农民工身心健康状况基本良好，但缺乏日常关注和保健管理。身心健康是劳动力人力资本存量的基础，应从以下两个方面帮助新生代农民工加强健康投资。（1）加强新生代农民工身体健康投资的宣传、检查和预防。调查结果显示，虽然多数新生代农民工参与了新型农村合作医疗，但是对于日常健康体检费用的投入很少，基本都是患病后才去医院就医，没有防患于未然的意识，不注重平时的健康保健，因此，应加强农村地区

---

① 张正. 新生代农民工人力资本投资中的企业责任分析［J］. 企业技术开发，2014（23）：40－42.

② 宋惠敏，马晓东，陈永胜. 产业升级背景下河北省制造业农民工人力资本投资研究［J］. 河北企业，2017（2）：104－105.

健康保健知识的普及，增强新生代农民工的身体保健意识；鼓励用工单位定期对北京地区的新生代农民工进行体检；农民工较多的企业要为新生代农民工提供健康的工作环境，定期对农民工进行健康保健宣传，帮助新生代农民工培养良好的生活习惯、饮食习惯和生活态度、行为方式等，使其积极关注自身的健康状况。（2）加强北京地区新生代农民工心理健康投资的教育与专业辅导。新生代农民工进城工作，主要受到两方面影响：一方面受到城市文化、生活、人文等方面的冲击和影响；另一方面受到城市管理、用工单位中较多规章制度的制约，会面临较大的工作及生存压力，导致新生代农民工心理上的不适，容易引发情绪波动和心理问题，新生代农民工的身心健康辅导与管理问题就显得尤为重要。北京市相关政府部门以及用工单位应为新生代农民工提供专业辅导和心理健康管理教育①，增强新生代农民工的心理承受与自我调适能力，使之能有效抗击各种压力；可引导新生代农民工注意避免因高强度、高压力的工作而产生的心理问题（轻微）、心理疾病（严重）以及职业病等，积极发现和开展必要的心理疏导与健康维护工作；要培训与训练新生代农民工学会积极、适当、及时地进行自我心理调节和自我解压；应鼓励并开展多种业余生活活动，培养其广泛的兴趣爱好，提高其自身文化素养和心理素质，增强新生代农民工的社会交际能力，使之养成健康的职业工作心态。

最后，完善新生代农民工健康投资的相关法律与制度。为保障北京地区新生代农民工的权益，政府部门需要积极完善其医疗保险制度，及时有效、有针对性地解决北京地区新生代农民工看病难、无钱看病的问题；加大新生代农民工户籍改革力度，确保符合条件的新生代农民工户口迁移工作顺利进行，使其尽快融入城市发展和建设中，加快其市民化进程；及时、适当地为其提供住房补贴，解决其在城市中的住房难题；完善其他社会保障法律和制度，杜绝过度使用新生代农民工、拖欠农民工工资等现象，并加强对新生代农民工的法律维权意识的宣传，鼓励其维护自身合法权益。

四、北京地区新生代农民工的迁移投资路径

2018 年末，我国全国常住人口的城镇化率为 59.58%，户籍人口城镇

---

① 魏星. 辽宁省人力资本投资对农民工工资性收入的影响研究［D］. 沈阳：辽宁大学，2017.

化率为43.37%，北京地区的常住人口城镇化率达到86.5%，已处在高位，未来北京面临的主要问题不是快速提高常住人口城镇化率，而是如何提高迁移人口的市民化水平和迁移质量。在北京进入减量发展的现实情况下，如何优化新生代农民工的迁移投资成为影响北京经济社会健康持续发展的重要问题。

首先，建立新生代农民工劳动力转移信息服务机制，减少农村富余劳动力迁移的盲目性，降低农民的迁移投资成本与风险性。具体而言，包括以下几个方面：建立新生代农民工劳动力市场转移就业信息体系与服务平台，定期发布劳动力市场供求信息，对用工需求进行分析研究，引导新生代农民工根据地区用工需求合理流动，并提供及时、准确的就业信息服务；建设与农民工培训有关的公共信息服务平台，建立健全培训信息服务制度，帮助农民工充分了解有关培训的信息；建立农村劳动力转移就业管理档案，掌握农村富余劳动力资源分布与就业状况；引导社会组织和中介机构参与农民工迁移信息体系与平台建设，多渠道开展就业与培训等方面的信息服务。

其次，改善新生代农民工城市就业与生活环境，提高新生代农民工城市就业、生活、市民化与城市融入的水平，提高新生代农民工的迁移投资质量。如前所述，农民工在建筑业、制造业就业的比例有所下降，在服务业就业的比例有所上升，但农民工仍主要在次级劳动力市场中实现就业；农民工月收入增幅虽然在2018年达到了6.8%，但收入水平仍然较低；农民工工作强度大，周工作小时超过44小时的农民工占比为78.4%；与雇主或单位签订劳动合同的农民工比重只有35.1%；居住条件虽整体有所改善，但依然不理想；农民工的社会交往和业余文化生活相对匮乏。上述新生代农民工的城市就业与生活环境以及北京高昂的生活成本均影响了农民工的迁移投资意愿，加大了农民工的迁移投资成本。另外，从前文的分析可知，当前影响北京地区新生代农民工迁移投资意愿的主要因素是新生代农民工从事的行业、岗位类型和农民工的文化程度。为此，我们应根据北京地区产业发展趋势和劳动力需求情况，从三个方面入手改善新生代农民工迁移投资环境，提高其迁移投资质量：（1）与前文提出的建立新生代农民工劳动力市场转移就业信息体系与服务平台相结合，为新生代农民工提供更优质的就业岗位，促进农民工实现更高质量的就业。（2）与就业相适应，结合新生代农民工培训投资路径，为新生代农民工提供更实用的与城市就业更贴近的培训机会，以提升农民工技能素质为基础改善农民工的就业环境。(3) 改善转移劳动力的城市生活与社交环境，增强高质量、高技能的新生代农民工的迁移意愿。这包括：改善新生代农民工的居住环境，鼓励用人单位为农民工提供更好的住宿条件，降低农民工在京申请政府福利住房的门槛；社区与用人单位合作为农民工提供丰富的业余文化生活，使其更好地融入城市生活。

第二节　北京地区新生代农民工人力资本投资的政策建议

一、新生代农民工人力资本投资的政府责任

新生代农民工人力资本投资的关键主体包括政府、企业及农民工自身等，其中最重要的是政府机构，其在新生代农民工人力资本投资过程中，对新生代农民工人力资本投资的计划、组织、运行、监督和控制等具有重要影响。当前我国新生代农民工面临身份认同难题，面对各种体制、社会心理、生活习惯和价值观等外部阻碍，无法融入城市社会；在遇到就业及工作困难时，只有少数人会选择找政府有关机构解决；同时，政府的缺位管理也影响了新生代农民工的人力资本投资。政府部门在新生代农民工人力资本投资过程中存在责任缺失问题①。例如：尚未打破户籍制度造成的城乡差别，使得新生代农民工处于城市和农村之间的尴尬境地和户籍相配套的各种福利及相关权益更是与新生代农民工无关或收益较少，他们虽然生活在城市，却游离于城市之中，制度障碍导致新生代农民工不能享受平等的城市基础公共服务，制约农民工的迁移流动，并在一定程度上影响了新生代农民工在城市的公平就业；公共服务管理不到位，政府提供的公共服务面向的是城镇居民，导致很多基础公共服务没有惠及新生代农民工，新生代农民工未能被纳入城市职业培训的统一规划和管理中，政府各个部门在对新生代农民工的人力资本投资管理过程中存在条块分割、相互脱节

---

① 陆远权，邹成诚. 新生代农民工人力资本投资的政府责任分析 [J]. 职教论坛，2011 (15)：50 – 54.

的现象①，政府在提供均等的公共服务方面存在责任缺失的现象；相关政策和法律不健全，未能给新生代农民工人力资本投资提供良好的政策和法律环境。

鉴于政府部门在新生代农民工人力资本投资中的关键作用和存在责任缺失问题，我们必须要先明确政府作为职业技能培训投资方的主体责任角色，具体包括：提高自身对新生代农民工人力资本投资重要性的认识，加大宣传力度，积极营造良好氛围；建立健全以政府为主的多元化的保障机制；建立健全相关法律法规，同时有关部门加强对法律法规实施情况的监督②，使之更好地为农民工服务。

二、北京地区新生代农民工人力资本投资的政策建议

本研究参考我国关于农民工问题的相关政策文件，结合北京新生代农民工人力资本管理实际情况，针对政府机构、用人单位及新生代农民工自身等重要人力资本投资主体，提出下列北京地区新生代农民工人力资本投资的政策建议。

（一）做好新生代农民工人力资本投资的统筹规划

首先，新生代农民工人力资本投资最主要的渠道是进行教育和培训，而大城市如北京等地的新生代农民工具有高流动与低组织性的特点对他们进行集中教育和培训存在非常大的困难，为此，应做好新生代农民工教育、培训统筹规划工作。2003 年，农业部、劳动保障部、教育部、科技部、建设部、财政部制定的《2003～2010 年全国农民工培训规划》中就农民工培训基本原则作出了规定，要求农民工培训工作要统筹计划，突出重点，分步开展。把农民工培训作为就业准入制度的重要内容，深入调查研究，认真组织实施。北京地区新生代农民工的教育培训工作可以从以下几个方面开展：一是在教育投资管理方面。国家及北京市政府应加强新生代农民工基础教育的投入，加大农民工人力资本投资力度，健全农村基础教育体系，实现农村教育经费的最优化配置，提高农村教师工资水平，改

---

① 陆远权，邹成诚. 新生代农民工人力资本投资的政府责任分析 [J]. 职教论坛，2011 (15)：50－54.
② 范青青. 浅析农民工培训中的政府职责 [C]. "决策论坛——企业行政管理与创新学术研讨会"论文集（下），2016.

善教学设施配备，从而提高农村学校的教学质量水平；给予农村入学困难学生一定的生活补贴，减轻农村家庭的教育成本负担；制定农村继续教育制度，鼓励已工作的农民工通过网络教育、成人教育、成人自考等提升自我的文化水平①。同时，通过制定有效的农民工教育激励政策，鼓励农民工主动进行知识教育与普及，鼓励各级各类教育机构开展农民工知识与技能教育。二是在职业技能培训方面。北京地区各级政府要把农民工弱势群体的教育、培训纳入政府工作职能，视为一项重要内容和义务，甚至作为对政府部门考核的一项重要指标；要建立覆盖农民工的职业教育培训体系，着重提高农民工职业技能素质和就业质量，把农民工职业培训作为各级政府的重要职责，尤其要明确培训重点，实施分类培训，如：根据北京市产业结构升级的现状与未来发展趋势，把握北京地区劳动力市场的用工需求及其对劳动者能力素质的要求，增强培训针对性，进一步规范培训的形式和内容，可包括外出就业技能培训、技能提升培训、劳动预备制培训、创业培训、农村劳动者就地就近转移培训等。

其次，应做好新生代农民工迁移投资规划。针对北京作为超大城市的人口容量问题，根据北京地区人口总量与各区人口数量的分布规模控制的要求，结合北京地区对劳动力的总量与结构需求情况，制定本地新生代农民工转移规划和外来新生代农民工的需求规划，以及新生代农民工市民化的总体设计与实施进程，为新生代农民工的迁移投资和合理流动提供依据。

（二）优化新生代农民工人力资本投资的组织与运行机制

第一，设立专门的政府管理机构或服务组织，其职责主要是政策制定与落实，情况调查与跟踪，有组织、成规模地实施农民工人力资本迁移投资、继续教育与培训，实施国家项目、创业指导与服务、思想引导与职业规划指导、推荐就业、权利维护与风险防范等，为新生代农民工人力资本投资提供组织保障。在政府主导下，充分调动高等院校、职校、社会机构、志愿者组织等第三方力量，多形式、多层次、有针对性地开展人力资本投资活动，减轻和分散政府的压力，进而科学构建人力资本投资的组织保障体系。鉴于政府部门的管理压力较大和保障服务能力辐射范围有限的现实情况，一些学者建议建立新生代农民工人力资本社区合作等组织机

---

① 雷竞. 农民工人力资本投资对主观幸福感影响的实证研究［D］. 长沙：中南林业科技大学，2018.

构，以有效管理数目庞大的新生代农民工群体，维护农民工的合法权益，争取更多机会来提高其素质。北京地区人力资源和社会保障部及相关政府部门可以成立专门的协助新生代农民工人力资本社区合作社的部门或组织①，即一个把个人、家庭、政府、企业连接在一起的志愿行组织②，有效引导和管理社区合作社组织开展各种培训活动，促使首都新生代农民工人力资本的提升。

第二，人力资本的积累及其投资过程具有独特的内涵和规律，由此决定了这一特殊生产要素资本的运行机制。构建新生代农民工人力资本投资运行机制主要包括制定投资运行的程序和建立科学合理的运行机制，其能使新生代农民工人力投资工作在正确决策和宽松环境下得以持续不断地高质量、高效率地自主运行；同时，要建立良好的新生代农民工就业秩序，稳定用工单位的工人队伍，增强用人单位培训农民工的信心和能力③。目前我国现行城乡分割的管理服务模式不利于改善新生代农民工人力资本投资，因此，建立完善统一的劳动力市场势在必行④。劳动力在国内的自由流动有助于解决国内劳动力的余缺，调剂和发挥劳动者专业特长，它虽然不直接增加人力资本存量，但可以优化人力资源配置，减少人力资源浪费，提高人力资本的使用效率，最大限度地发挥人力资本的潜力。为此，可从以下两方面优化新生代农民工人力资本投资运行机制。一方面通过户籍、就业、分配、社会保障等制度的改革，破除一系列阻碍新生代农民工进行人力资本投资的制度障碍，尤其是消除城市户籍制度障碍。可参照实行户籍绿卡管理制度，尽快使新生代农民工逐渐融入城市，随着产业结构升级和城市化进程，成为城市建设重要的一员。因为现在的城乡二元结构，很难给予新生代农民工公平、公正的市民待遇，严重影响到他们的工作质量和城市生活质量。另一方面，要进一步做好北京地区新生代农民转移就业服务工作，尤其是北京各级人民政府及其职能部门，要把促进农村富余劳动力转移就业作为重要任务，建立健全城区、周边地区公共就业服务网络，为农民转移就业提供服务；城市公共职业介绍机构要向农民工开

---

① 徐英姿，石坚. 关于我国农民工人力资本投资问题的思考 [J]. 现代经济，2008（3）：98 - 99.
② 赵立新. 城乡统筹、城乡和谐与胶东半岛城乡一体化研究 [J]. 华东经济管理，2006（10）：4 - 8.
③ 胡清华. 新生代农民工人力资本投资策略探析 [J]. 学术交流，2012（12）：108 - 111.
④ 张昆玲，史中朝. 从"民工荒"反观农民工人力资本投资的必要性 [J]. 前沿，2010（15）：121 - 123.

放，免费提供政策咨询、就业信息、就业指导和职业介绍。过去的实践表明，缺乏正常的人力资本流动迁移机制，农村剩余劳动力长期单向迁移，拉大了城乡差距的裂痕。从人力资本理论上看，要缩小城乡差距，统筹城乡发展，需要建立首都地区市场化的人力资本良好流动及迁移机制，运用市场手段推动北京新生代农民工迁移的人力投资工作前行。如：加快推进北京周边地区建设，不断优化当地经济、人文环境，营造良好的经济和事业环境；同时，集约化发展地域品牌经济，进而盘活流通经济，繁荣服务经济，吸引新生代农民工就业或创业，也可参照高新技术产业园区建设的经验，实施同等的优惠条件，建立新生代农民工创业园，集中发展创业经济等①。

（三）加强新生代农民工人力资本投资的专项经费保障

要加强新生代农民工教育培训力度，必须保障农民工教育经费来源的持续稳定。北京地区相关机构应积极建立新生代农民工服务和管理工作的专项经费保障机制，各级政府部门应将涉及农民工职业技能培训，子女教育和权益维护等相关费用纳入财政预算，并确保预算的存量和增量逐年科学、合理增长。此外，对新生代农民工教育与培训机制优良的企业给予政策优惠和鼓励，积极鼓励中小企业和个体公民通过各种合法、合理形式提供资金和多种形式的赞助，多渠道筹集培训经费，建立农民工专项培训资金，以保障北京地区新生代农民工职业培训体系的健康运行②。在北京新生代农民工职业技能培训激励方面，不管是政府办的培训机构还是民办机构，只要是经过各级政府认定符合条件的教育培训机构和组织，均可申请使用农民工培训扶持资金，可以获得一定财政支持力度；同时，获准使用农民工培训扶持资金的各类学校和培训机构，需要相应降低农民工学员的培训收费标准，为新生代农民工的培训工作做出贡献③。需要进一步强调的是，要明确北京地区任何单位或组织不得强制新生代农民工参加收费的职业技能鉴定，农民工自愿参加职业技能鉴定且鉴定合格者颁发国家统一的职业资格证书，为北京地区新生代农民工的人力资本提升做出努力和应有的贡献④。

---

　　①　胡清华．新生代农民工人力资本投资策略探析［J］．学术交流，2012（12）：108 - 111.
　　②　杨玉霞．新生代农民工人力资本投资与培训研究［J］．太原城市职业技术学院学报，2017（2）：177 - 178.
　　③④　蔺京，姜学民．农民工人力资本投资主体及投资路径研究［D］．青岛：青岛大学，2008.

（四）完善新生代农民工人力资本投资的法律保障

北京各地区政府需要颁布保护性法规或规章，促使用人单位和社会服务机构为新生代农民工创造良好的人力资本投资机会。具体而言，可从以下几方面入手。（1）政府部门应该建立健全职业教育法律法规体系，遵循学历教育与非学历教育并举，培训证书和职业资格证书并重的原则，推动国家劳动预备制度和职业资格证书制度的实施。（2）逐步推进构建一个由中职学校和高职院校共同组成的分层次职业教育体系，中职技术学校负责农民工初级技能培训等非学历教育，而高职院校负责农民工中、高级技能培训和相应的学历教育，从而实现中、高职对农民工培训的一体化教育；并且，法律体系中应包含形式多样的在职培训教育，积极动员农村职业学校、乡村成人学校、农村中小学、城市社区学校开展新型农民和农村富余劳动力培训①；职业教育、成人教育和各种形式的在职培训教育都应该纳入农民工职业教育法律、法规体系中②。（3）加大维护农民工权益的执法力度。北京市各级相关政府部门应强化新生代农民工劳动保障监察执法力度，加强劳动保障监察队伍建设，完善日常巡视检查制度和责任制度，依法严厉查处用人单位侵犯农民工权益的违法行为；健全农民工维权举报投诉制度，认真受理新生代农民工举报投诉并及时调查处理；加强和改进新生代农民工劳动争议调解、仲裁工作；对新生代农民工申诉的劳动争议案件，要简化程序、加快审理，涉及劳动报酬、工伤待遇的要优先审理。（4）起草、制定和完善维护农民工权益的法律法规，做好对农民工的法律服务和援助工作。北京市政府要把农民工列为法律援助的重点对象，农民工申请法律援助时，要简化程序，快速办理；对申请支付劳动报酬和工伤赔偿法律援助的，不再审查其经济困难条件；有关行政机关和行业协会应引导法律服务机构和从业人员积极参与涉及新生代农民工的诉讼活动、非诉讼协调及调解活动；鼓励和支持律师和相关法律从业人员接受新生代农民工委托，并对经济确有困难又达不到法律援助条件的新生代农民工适当减少或免除律师费；根据实际情况安排一定的法律援助资金，为新生代农民工获得法律援助提供必要的经费支持。

---

①　陈文标. 基于政府人力资本投资视角的农民工职业技能培训问题研究［J］. 中国成人教育，2012（7）：157 - 158.

②　程伟. 我国农村人力资本投资现状对农业剩余劳动力转移的影响分析——来自2004 ~ 2005 年我国农民工流动就业的调研［J］. 人口与经济，2006（3）：44 - 49.

同时，采取相关措施，切实提高、保障新生代农民工社会政治地位。北京市相关部门应相互协作，如人社部门、公安部门、工会部门等出台相关政策，以加强对新生代农民工的人文关怀，充分保障其在北京乃至全国范围内的政治地位和自身权益。北京市政府应该不断强化工会管理，督促其积极维护北京地区新生代农民工合法权益。北京地区用人单位要依法保障农民工参加工会的权利，各级工会要以劳动合同、劳动工资、劳动条件和职业安全卫生为重点，督促用人单位履行法律法规规定的义务，切实维护农民工权益；工会应充分发挥工会劳动保护监督检查的作用，完善群众性劳动保护监督检查制度，加强对安全生产的群众监督。同时，充分发挥共青团、妇联组织在农民工维权工作中的作用。

（五）发展新生代农民工的公共服务共享机制

作为我国的政治、文化和教育中心，北京有着丰富的各类资源，因此，北京政府应加大对教育、文化、社会保障和医疗卫生公共服务的供给力度，应该不分地区、不分城乡、不分群体使这些公共服务惠及所有人，尤其包括为首都经济发展做出卓越贡献的新生代农民工群体。众所周知，新生代农民工的人力资本水平与他们获得的公共服务资源、获取机会以及获取资源多寡之间呈相辅相成的关系。对于生活在城市的新生代农民工来说，公共服务的普及，能促使他们参与到教育、社会保障和医疗卫生体系中，从而提高其人力资本水平。参照国务院相关文件规定，在把农民工纳入城市公共服务体系的过程中，北京市政府要转变思想观念和管理方式，对农民工实行属地管理；在编制城市发展规划、制定公共政策、建设公用设施等方面，要统筹考虑长期在城市就业、生活和居住的新生代农民工对公共服务的需要，提高城市综合承载能力；要增加公共财政支出，逐步健全覆盖北京地区新生代农民工的城市公共服务体系。

解决好新生代农民工在北京的住宿问题是共享公共服务的重要体现。北京、上海等大城市的住房问题是新生代农民工市民化的最大障碍。正如刘洪银[①]提到的，新生代农民工城市住房政策着力点不应局限于农民工当前的工作及生活，而应着眼于农民工的长远发展，住房政策应以提升新生代农民工人力资本价值创造力和城市产业发展为导向；保障性住房政策的目标应该是帮助农民工形成有效的购房能力，应该因地制宜，建立分类

---

① 刘洪银.以融合居住促进新生代农民工人力资本提升［J］.首都经济贸易大学学报，2013（5）：77-81.

别、多层次的住房保障体系，不断改善新生代农民工住房条件；明确用人单位住房公积金缴纳责任，提升新生代农民工购房能力；城市改造中应统筹规划多阶层居住社区，以居住融合促进社会融合；整合产业政策、人力资本投资政策和城市住房政策，构建城市产业转型与人力资本提升协同机制。针对北京地区的具体情况，北京各区政府可以结合本地实际，不断细化相应对策，如积极完善新生代农民工的住房保障制度，推进公租房扩大到非京籍人口的政策的落实，向农民工提供能够满足其基本居住要求的可以出售的廉价住房，参与农民工住房开发建设的社会力量给予利率补贴、财政补助、税收减免、用地政策等优惠条件，使新生代农民工能够在城市中慢慢定居下来，实现安居乐业。

农民工子女在北京能够平等地接受教育机会也是新生代农民工希望获得的重要公共服务。如前所述，近年来，北京市政府在改善农民工子女入园、入学问题上做了大量的工作，使得农民工子女在北京就读难状况得到了较大改善，但仍需要进一步完善和改进相关工作，使农民工子女能够获得更优质的教育。为此，北京市政府应将新生代农民工子女义务教育纳入当地教育发展规划，列入教育经费预算，以全日制公办中小学为主接收农民工子女入学，并按照实际在校人数拨付学校公用经费；北京市公办学校对新生代农民工子女接受义务教育要与当地学生在收费、管理等方面同等对待，不得违反国家规定向新生代农民工子女加收借读费及其他任何费用；对委托承担农民工子女义务教育的民办学校，要在办学经费、师资培训等方面给予支持和指导，共同提高办学质量。

（六）健全新生代农民工的社会保障体系

北京市政府应推动社会保障制度改革，尤其是完善北京地区新生代农民工养老保险跨地区接续政策，提供日益公平的社会保障服务，打通新生代农民工流动就业的经脉，有效解决新生代农民工的生老病死等问题。

在解决新生代农民工社会保障问题方面，北京市政府相关部门要按照《国务院关于解决农民工问题的若干意见》（2006）的相关规定，健全新生代农民工的社会保障体系。（1）高度重视新生代农民工社会保障工作。根据农民工最紧迫的社会保障需求，坚持分类指导、稳步推进，优先解决工伤保险和大病医疗保障问题，逐步解决养老保障问题；要适应其流动性大的特点，保险关系和待遇能够转移接续，使农民工在流动就业中的社会保障权益不受损害。（2）依法将新生代农民工纳入工伤保险范围。北京市各地区政府要认真贯彻落实《中华人民共和国工伤保险条例》，所有用人单位必须及时为农民工办理参加工伤保险手续，并按时足额缴纳工伤保险费。在农民工发生工伤后，要做好工伤认定、劳动能力鉴定和工伤待遇支付工作。未参加工伤保险的新生代农民工发生工伤，由用人单位按照工伤保险规定的标准支付费用；要加快推进农民工较为集中、工伤风险程度较高的建筑行业、煤炭等采掘行业参加工伤保险，同时建筑施工企业应为从事特定高风险作业的职工办理意外伤害保险。（3）抓紧解决农民工大病医疗保障问题。采取建立大病医疗保险统筹基金的办法，重点解决农民工进城务工期间的住院医疗保障问题。根据当地实际合理确定缴费率，主要由用人单位缴费。完善医疗保险结算办法，有条件的地方，可直接将稳定就业的农民工纳入城镇职工基本医疗保险。北京市各地区政府应充分利用现有的医疗资源，在北京新生代农民工聚居地开设社区卫生服务站，加强农民工传染病和职业病的防治工作，以及对食品卫生和环境卫生的监督管理，加强健康教育；解决农民工子女受教育难的问题，高度重视农民工流动人口家庭子女的义务教育问题，进城务工就业农民流入地政府要建立和完善保障进城务工就业农民子女接受义务教育的工作制度和机制，以及农民工子女接受义务教育的收费标准，减免有关费用，做到收费与当地学生一视同仁。（4）探索适合新生代农民工特点的养老保险办法。北京市政府要抓紧研究低费率、广覆盖、可转移，并能够与现行的养老保险制度衔接的新生代农民工养老保险办法。有条件的地方，可直接将稳定就业的农民工纳入城镇职工基本养老保险；已经参加城镇职工基本养老保险的农民工，用人单位要继续为其缴费，尤其是劳动保障部门要抓紧制定农民工养老保险关系异地转移与接续的办法。北京市政府需提高新生代农民工健康投资比例，加大政策倾斜力度，对农民工的养老和就医应予以一定程度的补贴，以解决其养老难、看病难的问题。各地区也应该健全新生代农民工的养老和医疗保障机制，加强"新农保"和"新农合"的宣传力度，充分发挥其保障作用，使农民工接受并积极响应国家政策，减轻养老和医疗压力；同时不断完善首都新生代农民工的卫生保健服务体系，利用社区卫生服务中心，建立有利于新生代农民工的社会化卫生服务网络，将常住农民工纳入服务范围，使他们能够享受到便利的首都地区医疗服务。

此外，根据《国务院关于解决农民工问题的若干意见》（2006）的规定，要严格规范用人单位工资支付行为，确保农民工工资按时足额发放给本人，做到工资发放月清月结或按劳动合同约定执行。为此，应建立新生代农民工工资支付监控制度和工资保证金制度，从根本上解决拖欠、克扣新生代农民工工资问题。北京市劳动保障部门要重点监控农民工集中的用人单位工资发放情况，对发生过拖欠工资的用人单位，强制在开户银行按期预存工资保证金，实行专户管理；切实解决政府投资项目拖欠工程款问题。北京市所有建设单位都要按照合同约定及时拨付工程款项，建设资金不落实的，有关部门不得发放施工许可证，不得批准开工报告；对重点监控的建筑施工企业实行工资保证金制度；加大对拖欠新生代农民工工资用人单位的处罚力度，对恶意拖欠、情节严重的，可依法责令停业整顿、降低或取消资质，直至吊销营业执照，并对有关人员依法予以制裁。

新生代农民工在新型城镇化进程中做出了重大贡献，这是有目共睹的，应该提升新生代农民工的社会政治地位，建立以新生代农民工为主体的法律和制度，大力宣传国家关于农民工的各项方针政策，监督用工单位对新生代农民工权益的维护，疏通新生代农民工利益诉求的通道，保障新生代农民工参与管理社会事务的民主政治权利；同时，积极组织适合新生代农民工特点的丰富多彩的文体活动，提高新生代农民工的思想道德素质和技术技能素质，加强企业文化、职工文化的熏陶和建设，注重新生代农民工心理问题的疏导和关怀，帮助其树立健康向上的生活志向。

三、北京地区研究结果的启示与推广

本研究以新生代农民工人力资本投资为研究视角，参考国内外重要相关研究成果，利用北京地区新生代农民工的调查数据，分析并检验新生代农民工人力资本投资的影响效果及形成因素，并结合北京地区新生代农民工人力资本投资实际情况，提出了北京地区新生代农民工人力资本投资的路径与政策建议，为有效开展首都地区新生代农民工人力资本投资工作提供了重要参考和借鉴。

该研究得到两点启示：一是人力资本及其投资理论对北京地区新生代农民工仍然适用。通过加强基础教育、开展技能职业培训和完善社会保障等各方面的人力资本投资管理措施，可有效提升北京地区新生代农民工的人力资本，提升北京新生代农民工的管理工作水平，不断提高中小企业绩效，促进首都地区经济和社会的稳定、健康、持续发展。二是在北京地区新生代农民工劳动力市场中，仍存在着农村、城镇劳动力二元管理体制，体现在户籍、社会保障、教育等方面，还有政府管理责任部分履行不到位的情况，这些问题严重阻碍并弱化着新生代农民工人力资本投资工作的开展。正如部分国内学者所指出的，"这意味着新生代农民工并非只依靠自身努力就可以获得更高的劳动报酬，他们仍要受到来自劳动体制内各种分割因素的影响和干扰"。为此，通过不断的理论研究和实践探索，科学构造出一个公平正义、竞争有序、充满效率的新生代农民工劳动力市场与环境，保障北京地区新生代农民工人力资本管理工作的健康发展，将具有重要的现实意义。

北京是国际大都市，全球政治中心、文化中心、国际交流中心和科技创新中心，应该说，该地区的新生代农民工人力资本投资路径与政策建议，可为上海、广州以及国内部分大城市的新生代农民工人力资本投资管理工作提供较为有益的、直接的参考，也可为国内中小城市的新生代农民工管理提供借鉴。但同时也需要结合当地新生代农民工的特点，政府、用人单位的农民工管理实践需求，以及新生代农民工人力资本投资情况进行适当的参考和运用。

附录　北京地区务工人员培训情况调查问卷

　　您好！感谢您在百忙之中能够抽出时间来填答这份问卷。本次调查是由人力资源和社会保障部劳动科学研究院、北京联合大学人力资源管理研究所组织开展的，目的是了解务工人员的就业状况，并为相关部门提供政策建议。我们会根据《统计法》的规定保守您的秘密，请您放心如实作答，衷心感谢您的支持和协助！

人力资源和社会保障部劳动科学研究院

北京联合大学人力资源管理研究所

2014 年

第一部分：个人基本情况

1. 性别：

［1］男　　　　　　［2］女

2. 户籍所在地：

3. 您出生在：　　　年

4. 您目前的就业状态：

［1］在职　　　　　　［2］失业

5. 婚姻状况：

［1］已婚　　　　［2］未婚　　　　［3］离异　　　　［4］丧偶

6. 文化程度：

［1］小学及以下　　　　　　　　［2］初中

［3］高中（包括职业高中、中专、技校）

［4］大专　　　　　　　　　　　［5］本科及以上

7. 您所在的单位是：

［1］国有企业　　［2］事业单位　　［3］国家机关　　［4］外资企业

［5］私营企业　　　［6］集体企业　　　［7］个体经济组织

［8］自营　　　　　［9］其他

8. 您所从事的行业：

［1］制造业　　　　［2］建筑业　　　　［3］交通运输业、仓储和邮政业

［4］批发和零售业　　　　　　　　　　［5］住宿和餐饮业

［6］居民服务、修理和其他服务业

［7］其他

9. 您目前的岗位类型：

［1］管理人员　　　　　　　　　　［2］专业技术人员

［3］普通办事人员　　　　　　　　［4］商业人员

［5］运输工人　　　　　　　　　　［6］服务业人员

［7］建筑工人　　　　　　　　　　［8］生产线工人

［9］其他

10. 您取得了国家职业资格证书了吗？如取得，最高水平是哪一级？

［1］没有取得　　　　　　　　　　［2］初级工（五级）

［3］中级工（四级）　　　　　　　［4］高级工（三级）

［5］技师（二级）　　　　　　　　［6］高级技师（一级）

第二部分：职业技能培训

11. 您在最近 1 年中参加培训的次数是：

［1］参加过一次　［2］参加过两次　［3］参加过两次以上

［4］没参加过（若选择此项请跳到第 20 题继续作答）

12. 您获得培训信息的渠道是：（可多选）

［1］电视　　　　　　　　　　　　［2］报纸、杂志

［3］户外广告　　　　　　　　　　［4］社区公告栏

［5］政府机构

［6］朋友、家人、亲戚或邻居介绍

［7］互联网　　　　　　　　　　　［8］所在企业

［9］培训机构

13. 您参加培训的主要目的是：

请按重要性排序，第一：　　　第二：　　　第三：

［1］获取职业资格证书　　　　　　［2］工作需要

［3］兴趣爱好　　　　　　　　　　［4］增加收入

［5］知识更新　　　　　　　　　　［6］人际交往

［7］提升技能　　　　　　　　　　［8］找更好的工作

［9］创业　　　　　　　　　　　　［10］更好地在城市立足

［11］其他

14. 您参加过的培训是由谁提供的？（可多选）

［1］用人单位组织的岗前培训

［2］用人单位组织的专业技能培训

［3］流入或流出地政府组织的培训

［4］政府提供的再就业培训

［5］非营利性技能培训机构提供的免费培训

［6］商业类培训机构的技能培训（如服装、厨师、挖掘机等）

［7］各类学校的自学考试、成人教育等学历教育

［8］其他

15. 您参加过以下哪些方面的培训？（可多选）

［1］职业知识与技能　　　　　　　［2］法律维权知识

［3］安全卫生知识　　　　　　　　［4］文化知识

［5］创业知识　　　　　　　　　　［6］城市生活知识

［7］心理健康知识　　　　　　　　［8］其他

16. 您参加过的培训一般持续多少天：

17. 您参加培训后个人的主要改变有：（可多选）

［1］没有变化　　　　　　　　　　［2］提高了自身的技能与素质

［3］找工作容易了　　　　　　　　［4］增加了收入

［5］增加了晋升机会　　　　　　　［6］开阔了视野，增长了见识

［7］为以后自己干做准备　　　　　［8］其他

18. 请对您参加过的培训的整体效果进行评价

［1］很好　　　　　［2］好　　　　　［3］不太好　　　　［4］不好

［5］不确定

19. 您认为现在的培训存在什么问题：（可多选）

［1］培训费用高　　　　　　　　　［2］培训对工作、就业帮助不大

［3］内容深，听不懂　　　　　　　［4］培训时间长短不合理

［5］培训时间与工作时间冲突　　　［6］有的培训就是走形式

［7］培训缺乏实用性　　　　　　　［8］培训老师水平低，讲不明白

［9］教师缺乏教学技巧　　　　　　［10］教师教学不认真

［11］教师的专业知识不够　　　　　［12］培训缺乏相应的教材

［13］培训设施不全　　　　　　［14］学习环境差

［15］其他

20. 未来您是否愿意参加职业技能培训？

［1］愿意（若选择此项请跳到第22题继续作答）

［2］不愿意　　　［3］不确定

21. 您不愿意或不确定是否参加培训的原因是：（可多选）

［1］找工作很容易，没想过要培训　［2］对培训不了解

［3］怕自己学不会　　　　　　［4］未得到有关培训的信息

［5］工作不需要　　　　　　　［6］培训对提高技能没帮助

［7］培训对增加工资、未来发展没帮助

［8］培训时间和工作时间冲突

［9］需要个人支付的培训费用太高

［10］不了解培训班，不敢轻易参加

［11］没有人指导，不知道学什么好

［12］怕自己坚持不下来，浪费时间和钱

［13］培训地点太远，不方便

［14］工作太累，没有精力

［15］其他

22. 您最希望参加的学习是：（可多选）

［1］职业知识与技能　　　　　［2］法律维权知识

［3］安全卫生知识　　　　　　［4］文化知识

［5］创业知识　　　　　　　　［6］城市生活知识

［7］心理健康知识　　　　　　［8］其他

23. 您最希望学习哪些方面的技能：（可多选）

［1］企业管理　［2］机械操作　［3］车辆驾驶　［4］建筑

［5］厨师　　　［6］家电维修　［7］电工　　　［8］钳工

［9］特种焊接　［10］保安　　　［11］养老护理

［12］医疗护理　［13］家政服务　［14］美容美发

［15］电子通信　［16］服装裁剪　［17］商贸服务　［18］财会

［19］旅游　　　［20］营销　　　［21］文秘　　　［22］其他

24. 您最希望选择什么样的培训方式：（单选）

［1］脱产培训（即不工作，时间全都用于学习）

［2］在职培训（即利用工作之余的时间学习）

［3］在工作中，跟着师傅学　　　　［4］其他

25. 根据您的实际情况，您更愿意接受哪些授课方式（可多选）

［1］现场讲授　　［2］现场实习　　［3］广播电视

［4］VCD 学习　　　　　　　　　［5］网络授课或函授

［6］讨论交流　　　　　　　　　［7］其他方式

26. 您最倾向于选择由谁组织的培训：（单选）

［1］政府相关部门　　　　　　　［2］用人单位

［3］商业培训机构（提供工作或实习机会）

［4］商业培训机构（不提供工作或实习机会）

［5］非营利性技能培训机构（提供工作或实习机会）

［6］非营利性技能培训机构（不提供工作或实习机会）

［7］社区志愿者组织　　　　　　［8］其他

27. 若您参加一项培训，您希望该项培训持续多长时间？（可多选）

［1］1 周以内　　　　　　　　　［2］1 周 ~ 半个月

［3］半个月 ~1 个月　　　　　　［4］1 ~3 个月

［5］3 ~6 个月　　　　　　　　　［6］6 个月 ~1 年

［7］1 年以上

28. 您希望培训安排在什么时间比较合适？（可多选）

［1］无所谓　　　　　　　　　　［2］工作日的晚上

［3］周末或工作之余全天　　　　［4］周一到周五全天

［5］不需要固定时间，随时的电视或者网络课程教学

［6］其他

29. 您可接受的最高培训费用是：（单选）

［1］不花钱，只会参加免费培训　［2］工资收入的五分之一或更少

［3］工资收入的四分之一　　　　［4］工资收入的三分之一

［5］工资收入的二分之一　　　　［6］维持基本生活外的所有收入

［7］只要培训需要，举债都可以

30. 您可接受的培训地点与居住地的最远路程是：（可多选）

［1］走路 10 分钟以内　　　　　［2］走路 11 ~30 分钟

［3］骑自行车 10 分钟以内　　　［4］骑自行车 11 ~30 分钟

［5］骑自行车 31 ~60 分钟　　　［6］坐车 10 分钟以内

［7］坐车 11 ~30 分钟　　　　　［8］坐车 31 ~60 分钟

［9］坐车 61 ~120 分钟　　　　　［10］无所谓

［11］其他

31. 您对培训后，参加职业资格考试并取得相应证书的态度是：

［1］愿意参加考试并有信心取得证书

［2］愿意参加考试但没有信心通过考试

［3］不想参加考试，也不想要证书

［4］不确定

32. 若您尚未取得职业教育相关证书，您是否愿意参加并获取相应学历证书？

（职业教育是指在技工院校或高等职业技术院校等接受正规教育，毕业后获得国家统一发放的学历文凭，如大专、本科以及成人教育等文凭的教育）

［1］愿意（若选择此项请跳到第34题继续作答）

［2］不愿意　　　　［3］不确定

33. 您不愿意或不确定参加职业教育的原因是（可多选）：

［1］不知道什么是职业教育　　　　［2］学习时间不能保证

［3］不知道学完了有啥用　　　　　［4］不需要这类文凭

［5］其他

第三部分：其他方面情况

34. 您目前的健康状况：

［1］良好　　　　［2］一般　　　　［3］较差

35. 您进行体检的情况：

［1］平均1年2次　　　　　　［2］平均1年1次

［3］平均2年1次　　　　　　［4］更长时间1次

［5］从未参加过体检

36. 您如果生病，怎样解决：（可多选）

［1］个人到药店购药解决　　　　［2］到医院自费治疗

［3］通过医疗保险解决　　　　　［4］能忍就忍，尽量不看病

37. 您现在每月的收入是____元；您在老家工作每月的收入是____元

38. 您平均每月支出的情况：

38－1 住房（月）：____元（注：租房者写明租金；购房者如果已付清房款，费用包括物业费、供暖费等；购房者如果还有贷款，费用包括还贷额）

38－2 正常伙食（月）：____元

38 – 3 医药（年）：____元

38 – 4 其他（包括交通、娱乐、通信、服装等/月）：____元

38 – 5 在家乡时，您个人每月的平均花费是：____元

39. 您参加社会保险情况：

[1] 上了全部保险　　　　　　　　[2] 上了部分保险

[3] 没上，但想参加　　　　　　　[4] 没上，也不想参加

[5] 不确定

40. 您在城市工作的年限是：

[1] 1 年以内　　　[2] 1 ~ 2 年　　　[3] 3 ~ 5 年　　　[4] 5 年以上

41. 未来 5 年内，您是否还在本市？

[1] 一定在　　　　　　　　　　　[2] 可能在

[3] 可能在其他城市　　　　　　　[4] 回乡　　　　[5] 不确定

第四部分：对政府及相关部门的期望

42. 您认为政府部门对农民工培训主要应该提供哪些便利？（可多选）

[1] 直接给予补贴

[2] 提供准确的培训信息

[3] 帮助提供用人单位的用人需求

[4] 加强对培训机构的管理，以免上当受骗

[5] 其他

43. 关于培训，您最想对政府说的一句话是？

44. 关于培训，您最想对用人单位说的一句话是？

45. 关于培训，您最想对培训机构说的一句话是？

您的联系电话：

参 考 文 献

［1］2018 年全国农民工监测报告［R］.国家统计局.

［2］北京人口与社会发展研究中心.北京市人口蓝皮书［M］.北京:北京科学文献出版社,2018.

［3］2017 北京农民工监测调查报告［R］.国家统计局.北京调查队,2017.

［4］银平均.新生代农民工:人力资本投资的重要群体之一［N］.社会科学报,2019 - 08 - 01.

［5］张昆玲,史中朝.从"民工荒"反观农民工人力资本投资的必要性［J］.前沿,2010(15):121 - 123.

［6］杨玉霞.新生代农民工人力资本投资与培训研究［J］.太原城市职业技术学院学报,2017(2):177 - 178.

［7］何亦名.成长效用视角下新生代农民工的人力资本投资行为研究［J］.中国人口科学,2014(4):58 - 69.

［8］2014 年全国农民工监测调查报告［R］.国家统计局,2014.

［9］汪昕宇,陈雄鹰,邹建刚.超大城市新生代农民工就业满意度评价及其比较分析——以北京市为例［J］.人口与经济,2016(5):84 - 95.

［10］陈雄鹰,汪昕宇,冯虹.农民工的就业不平等感知对其冲突行为意愿的影响研究——基于全国 7 个城市的调研数据［J］.人口与经济,2015(6):22 - 31.

［11］韩长赋.关于农民工问题的几点认识和思考［J］.求是,2006(9):29 - 30,38.

［12］宗成峰,朱启臻.农民工生存状况实证分析——对南昌市 897 位样本农民工的调查与分析［J］.中国农村观察,2007(1):47 - 52,81.

［13］陆学艺.当前农村形势和社会主义新农村建设［J］.江西社会科学,2006(4):7 - 21.

[14] 刘传江.第二代农民工市民化现状分析与进程测度 [J].人口研究，2008 (5)：48 – 57.

[15] 俞玲.新生代农民工人力资本和就业状况调查分析——以浙江省为例 [J].调研世界，2010 (8)：39 – 40.

[16] 韩长赋.谈 "90 后农民工" [J].农村农业农民，2010 (2)：22 – 23.

[17] 辜胜阻.新时期城镇化进程中的农民工问题与对策 [J].中国人口资源与环境，2007 (1)：1 – 5.

[18] 陈雄鹰.北京科技型中小企业人力资本投资风险评估与预警 [M].北京：中央民族大学出版社，2015.

[19] 亚当·斯密.国富论 [M].北京：商务印书馆，1964：257 – 258.

[20] [美] 西奥多·舒尔茨.人力资本投资——教育和研究的作用 [M].北京：商务印书馆，1990：55.

[21] 李杰.中国人力资本投资的内生增长研究 [J].世界经济，2001 (4)：20 – 24.

[22] 刘蓉晖，赵云龙，马福玉.人力资本教育投资对中国经济增长的影响 [J].现代管理科学，2014 (7)：37 – 39.

[23] 陈斌开，张鹏飞，杨汝巧.政府教育投入、人力资本投资与中国城乡收入差距 [J].管理世界，2010 (1)：9 – 14.

[24] 刘万霞.人力资本投资结构与地区经济增长对职业教育发展的启示 [J].中国人口资源与环境，2014 (3)：16 – 18.

[25] 陈雄鹰，时雨，邸耀敏，李晨.培训投入对科技中小企业绩效影响研究 [J].技术经济与管理研究，2015 (2)：20 – 24.

[26] 邹薇，郑浩.贫困家庭的孩子为什么不读书：风险、人力资本代际传递和贫困陷阱 [J].经济学动态，2014 (6)：16 – 31.

[27] 任远，陈春林.农民工收入的人力资本回报与加强对农民工的教育培训研究 [J].复旦学报（社会科学版），2010 (6)：114 – 121.

[28] 刘万霞."技工荒"视野的职业教育需求测度 [J].重庆社会科学，2010 (10)：58 – 61.

[29] 高文书.人力资本与进城农民工职业选择的实证研究 [J].人口与发展，2009 (3)：29 – 36.

[30] 黄斌，徐彩群.农村劳动力非农就业与人力资本投资收益 [J].中国农村经济，2013 (1)：67 – 75.

[31] 李实，杨修娜. 我国农民工培训效果分析 [J]. 北京师范大学学报（社会科学版），2015（6）：35-47.

[32] 吕娜，邹薇. 健康人力资本投资与居民收入——基于私人和公共部口健康支出的实证分析 [J]. 中国地质大学学报，2015（1）：42-45.

[33] 张车伟. 营养、健康与效率——来自中国贫困农村的证据 [J]. 经济研究，2003（1）：3-12.

[34] 张建斌. 人力资本视角下的农村反贫困问题研究 [J]. 当代经济管理，2011（2）：6-11.

[35] 吕娜. 微观数据视角下健康人力资本的收入效应研究 [J]. 商业经济研究，2015（9）：45-47.

[36] 郭志仪，常晔. 城镇化视角下的农村人力资本投资研究 [J]. 城市发展研究，2007（3）：50-53.

[37] 苑会娜. 进城农民工的健康与收入——来自北京市农民工调查的证据 [J]. 管理世界，2009（5）：56-66.

[38] 惠云，秦立建. 健康人力资本对农村劳动力务工区域的影响 [J]. 呼伦贝尔学院学报，2015（2）：10-15.

[39] [美] 阿瑟·刘易斯. 二元经济论 [M]. 施炜，谢兵译. 北京：北京经济学院出版社，1989：7-12，149-150.

[40] 俞路. 20世纪90年代中国迁移人口分布格局及其空间极化效应 [D]. 上海：华东师范大学，2006.

[41] 卢通道. 新生代农民工城乡流动的推拉因素分析 [J]. 南方论刊，2012（10）：54-55.

[42] 李强. 影响中国城乡流动人口的推力与拉力因素分析 [J]. 中国社会科学，2003（1）：125-136.

[43] 罗静，李伯华. 外出务工农户回流意愿及其影响因素分析——以武汉市新洲区为例 [J]. 华中农业大学学报（社会科学版），2008（6）：29-33，43.

[44] 石秀珠. 我国农民工回流影响因素及再就业问题研究 [J]. 改革与战略，2013（7）：71-73.

[45] 王文刚，孙桂平，张文忠，王利敏. 京津冀地区流动人口家庭化迁移的特征与影响机理 [J]. 中国人口资源与环境，2017（1）：137-145.

[46] 李强. 中国大陆城市农民工的职业流动 [J]. 社会学研究，

1999 (3)：9.

[47] 林坚，葛晓巍．我国农民的职业流动及择业期望 [J]．浙江大学学报（社会科学版），2007 (2)：110 – 117.

[48] 杨胜慧，唐杰．初次职业选择对新生代农民工职业流动的影响 [J]．青年探索，2015 (1)：87 – 93.

[49] 杨红岭．农民工职业流动受人力资本影响效应 [J]．农业经济，2019 (4)：73 – 74.

[50] 王李．新生代农民工人力资本理论研究述评——基于人力资本的构成与投资视角 [J]．社会科学战线，2017 (5)：280 – 282.

[51] [美] T. W. 舒尔茨．论人力资本投资 [M]．北京：经济学院出版社，1992. 42 – 49.

[52] 卢海阳，邱航帆，杨龙，钱文荣．农民工健康研究：述评与分析框架 [J]．农业经济问题，2018 (1)：110 – 120.

[53] 刘峰，杨秀芹．个人教育投资需求不足的经济学分析 [J]．教书育人，2014 (5)：10 – 11.

[54] 张海峰．返乡创业大潮下农民工继续教育需求再思考 [J]．阿坝师范学院学报，2017，34 (1)：43 – 46.

[55] 俞林，许敏，赵袁军．新型城镇化进程中新生代农民工职业教育消费意愿驱动研究 [J]．成人教育，2017，37 (8)：66 – 70.

[56] 印建兵，杨光，谢国萍，蒋红华．新生代农民工职业转换与职业教育研究评述与展望 [J]．成人教育，2019，39 (4)：46 – 50.

[57] 吴愈晓．劳动力市场分割、职业流动与城市劳动者经济地位获得的二元路径模式 [J]．中国社会科学，2011 (1)：119 – 137，222 – 223.

[58] 吴新慧．传统与现代之间——新生代农民工的恋爱与婚姻 [J]．中国青年研究，2011 (1)：15 – 18，77.

[59] 张晔林，应瑞瑶．农民工培训机制探讨 [J]．经济纵横，2008 (7)：48 – 50.

[60] 中国超过 700 万农民工返乡创业，政府出台新政策攻破融资难. [EB/OL] (2018 – 01 – 09). http：//news. 163. com/18/0119/18/D8HJA1QI00 018AOQ. html.

[61] 程虹，黄诗雅，李唐．人格特质影响健康投资吗？——来自中国企业—劳动力匹配调查的经验证据 [J]．经济与管理研究，2018，39 (6)：66 – 77.

[62] 高其法. 健康的边际价值变化特征与长期健康投资不足 [J]. 医学与哲学（A）, 2013, 34（5）: 33-34, 37.

[63] 叶春辉. 原发性肝细胞癌半肝切除术后血小板计数与肝功能衰竭及剩余肝脏再生的相关性研究 [D]. 南宁: 广西医科大学, 2018.

[64] 严政, 王玉鹏. 新农村建设中人力资本投资分析——基于健康人力资本投资视角 [J]. 人才资源开发, 2010（11）: 42-43.

[65] 李娟娟, 王征兵. 陕西农户健康投资意愿影响因素分析 [J]. 大连理工大学学报（社会科学版）, 2009, 30（4）: 34-38.

[66] 严春鹤. 农民工市民化的内涵、障碍因素及对策分析 [J]. 现代商贸工业, 2018, 39（19）: 91-95.

[67] 邹一南. 农民工永久性迁移与城镇化投资政策取向 [J]. 人口与经济, 2015（4）: 28-38.

[68] 齐小兵, 侯景娟. 农民工参与职业教育与培训的意愿及影响因素研究——基于江西省农民工调查的实证分析 [J]. 职业技术教育, 2017, 38（16）: 65-69.

[69] 汪磊. 新生代农民工职业培训意愿的影响因素研究 [D]. 南昌: 江西财经大学, 2016.

[70] 陆晗. 农民工人力资本投资意愿研究 [D]. 南京: 南京农业大学, 2011.

[71] 黄德林, 陈永杰. 农民工职业技能培训意愿及影响机理研究——基于武汉市、厦门市、沧州市的实证调查 [J]. 中国软科学, 2014（3）: 68-75.

[72] 汪传艳. 农民工参与教育培训意愿影响因素的实证分析——基于东莞市的调查 [J]. 职教论坛, 2012（28）: 35-40.

[73] 汪昕宇, 陈雄鹰. 北京新生代农民工培训现状与需求倾向分析 [J]. 人力资源管理, 2016（1）: 153-155.

[74] 赵红艳. 决策树技术在学生成绩分析中的应用研究 [D]. 济南: 山东师范大学, 2007.

[75] 张超, 陈平雁, 张小远. CHAID方法及其在高校教师职业倦怠感影响因素分析中的应用 [J]. 第一军医大学学报, 2003（12）: 1352-1354.

[76] 张胜军. 我国农民工培训政策的回顾 [J]. 成人教育, 2012（19）: 22-26.

[77] 元燕平. 新生代农民工职业培训共同体构建研究 [D]. 福州：福建农林大学，2018.

[78] 肖红梅，李琦，李晓婷. 北京市本地农民工就业与培训现状调查 [J]. 北京劳动保障职业学院学报，2013 (2)：11 - 16.

[79] 张英洪，刘妮娜，赵金望，齐振家. 北京市外来农民工基本公共服务政策研究 [J]. 北京农业职业学院学报，2014 (2)：65 - 72.

[80] 许琴. 当前我国新生代农民工就业培训研究述评与展望 [J]. 职教通讯，2013 (10)：42 - 46.

[81] 黄快生，马跃如. 国外人力资本理论研究新动向对新生代农民工人力资本投资和积累的借鉴 [J]. 湖南社会科学，2014 (2)：175 - 178.

[82] 张洪霞. 基于需求视角的农村实用人才培训体系探究——以天津市为例 [J]. 职教论坛，2013 (10)：42 - 45.

[83] 徐英姿，石坚. 关于我国农民工人力资本投资问题的思考 [J]. 现代经济，2008，7 (3)：98 - 99.

[84] 彭焕才. 从"民工荒"看新生代农民工人力资本投资 [J]. 湖南师范大学社会科学学报，2012 (5)：88 - 92.

[85] 宋惠敏，马晓东，陈永胜. 产业升级背景下河北省制造业农民工人力资本投资研究 [J]. 河北企业，2017 (2)：104 - 105.

[86] 张太宇. 区域中心城市农民增收特征与策略——以沈阳市为例 [J]. 农业经济，2014 (2)：73 - 74.

[87] 张太宇. 加强人力资本投资与提升农民工群体参保能力的对策 [J]. 当代经济，2014 (22)：22 - 24.

[88] 谭骆艳. 青年农民工的人力资本投资模型分析 [D]. 北京：北京交通大学，2006.

[89] 程伟. 我国农村人力资本投资现状对农业剩余劳动力转移的影响分析——来自于 2004～2005 年我国农民工流动就业的调研 [J]. 人口与经济，2006 (3)：44 - 49.

[90] 张锐，刘俊霞. 农民工培训实际参与率与培训意愿水平的差距及其调节变量的 Meta 分析 [J]. 社会政策研究，2019 (1)：96 - 110.

[91] 张正. 新生代农民工人力资本投资中的企业责任分析 [J]. 企业技术开发，2014 (23)：40 - 42.

[92] 魏星. 辽宁省人力资本投资对农民工工资性收入的影响研究

[D]. 沈阳：辽宁大学，2017.

[93] 陆远权，邹成诚. 新生代农民工人力资本投资的政府责任分析 [J]. 职教论坛，2011 (15)：50 – 54.

[94] 范青青. 浅析农民工培训中的政府职责 [C]. "决策论坛——企业行政管理与创新学术研讨会"论文集（下），2016.

[95] 雷竞. 农民工人力资本投资对主观幸福感影响的实证研究 [D]. 长沙：中南林业科技大学，2018.

[96] 徐英姿，石坚. 关于我国农民工人力资本投资问题的思考 [J]. 现代经济，2008 (3)：98 – 99.

[97] 赵立新. 城乡统筹、城乡和谐与胶东半岛城乡一体化研究 [J]. 华东经济管理，2006 (10)：4 – 8.

[98] 胡清华. 新生代农民工人力资本投资策略探析 [J]. 学术交流，2012 (12)：108 – 111.

[99] 蔺京，姜学民. 农民工人力资本投资主体及投资路径研究 [D]. 青岛：青岛大学，2008.

[100] 陈文标. 基于政府人力资本投资视角的农民工职业技能培训问题研究 [J]. 中国成人教育，2012 (7)：157 – 158.

[101] 刘洪银. 以融合居住促进新生代农民工人力资本提升 [J]. 首都经济贸易大学学报，2013 (5)：77 – 81.

[102] Becker, G. S. Human capital：A Theoretical and Empirical Analysis [M]. New York：Columbia University Press，1964.

[103] George Psacharopoulos. The contribution of Education to Economic Growth：International Comparisons [J]. Economics of Education Review，1984，3 (4)：335 – 347.

[104] Sushil Kumar Haldar, Girijasankar Mallik. Does Human Capital Cause Economic Growth A Case Study of India [J]. International Journal of Economic Sciences and Applied Research，2010，3 (1)：7 – 9.

[105] Niringiye Aggrey, Luvanda Eliab, Shitundu Joseph. Human Capital and Labor Productivity in East African Manufacturing Firms [J]. Current Research Journal of Economic Theory，2010 (2)：45 – 49.

[106] Huffillan, W. E. Farm and Oil Farm Work Decisions：the Role of Human Capital [J]. The Review of Economics and Statistics，1980，62 (1)：14 – 23.

［107］ Summer, D. A. The off-farm Labor Supply of Farms American. Journal of Agricultural Economics, 1982, 64 (3): 2 - 9.

［108］ Baldwin, M. L. & Johnson, W. G. Labor Market Discrimination against Men with Disabilities ［J］. Journal of Human Resources, 1994, 29 (1): 1 - 19.

［109］ Hoyt Bleakley. Health Human Capital, and Development ［J］. Annual Review of Economics, 2010 (3): 2 - 6.

［110］ Scott, L. C. , Smith, L. H. & Rungeling, B. Laborforce Participation in Southern Rural Labor Markets ［J］. American journal of Agricultural Economics, 1977, 59 (2): 266 - 274.

［111］ Ranis, Gustav, J. C. H. , Fei. A Theory of Economic Development ［J］. American Economic Review, 1961 (4): 533 - 565.

［112］ Michael, P. Todaro. A Model of Labor Migration and Urban Unemployment in Less Developed Countries ［J］. American Economic Review, 1969 (1): 138 - 148.

［113］ Oded Stark, Robert, E. B. , Lucas. Migration Remittances and the Family ［J］. Economic Development and Cultural Change, 1988 (3): 36 - 49.

［114］ Dwayne Benjamin, Loren Brandt, Guo Li. Markets, Human, Capital and Inequality ［D］. Evidence from Rural China. University of Toronto, 2000 (5).

［115］ John Knight, Lina Song. Towards a Labor Market in China ［J］. Oxford Review of Economic Policy, 1996, 11 (4): 112 - 130.

［116］ Bojnec Stefan, Dries, L. Causes of Changes in Agricultural Employment in Slovenia Evidence From Micro - data. ［J］. Journal of Agricultural Economics, 2005 (12): 54 - 68.

［117］ Becker, G. Growing Human Capital Investment in China Compared to Falling Investment in the United State ［J］. Journal of Policy Modeling, 2012 (34): 105 - 119.

［118］ Robyn Iredale. China's Labour Migration Since 1978. In: Harvie C. (eds) Contemporary Developments and Issues in China's Economic Transition ［M］. Palgrave Macmillan, London, 2000.

［119］ Rozelle Scott, Guo Li, Shen Minggao, Amelia Hughart, John Giles. Leaving China's Farms: Survey Results of New Paths and Remaining Hurdles to Rural Migration [J]. The China Quarterly, 1999 (6): 158 – 171.

[120] Sjaastad, Larry, A. The Costs and Returns of Human Migration [J]. The Journal of Political Economy, 1962 (70): 80 – 93.

[121] James, E. , Anderson. Public Policy – Making [M]. New York: Preager Publishers, 1975.